どん底から1日1億円の売り上げを出す方法

保阪尚希
Naoki Hosaka

はじめに

最近、僕は「年商10億円を稼ぐ通販コンサルタント」としてメディアなどに取り上げられる機会が多くなりました。電子レンジ用の調理器具『ラ・クッカー』が1日で1億7000万円も売り上げたとネットニュースでも報じられましたが、通販事業を始めた頃から売り上げは1日で1億円を突破していました。

正直言うと、現在は俳優業より稼いでいます。

僕は2000年の元旦、何の前触れもなく腹膜炎となり、内臓破裂を起こしました。緊急手術は8時間も要し、何とか一命を取り留めました。医師から「あと少し遅かったら死んでいたよ」と通告されたほどです。

これを契機に俳優の仕事を見つめ直し、健康や食べ物の大切さを多くの人に知ってもらいたいと考えるようになりました。

とはいえ、ただのタレントが健康を訴えても説得力がないと思い、野菜ソムリエやフードアナリストなどの資格を取得し、それを活かす場として2007年から健康に特化して通販業界に参入したのです。

現在の僕は、ビジネスに関しては三本の柱を持っています。

基本的には、皆さんご存知の役者、いわゆるタレント業。そして『保阪流』という通販部門。それともう一つ、「マッチメーカー」として動いています。

マッチメーカーというのは、通販コンサルタントというのもその一つに含まれますが、やりたいことがあってもノウハウや人脈がなくてビジネスを進められない人と、ノウハウや人脈を持っている人をつなげていく仕事です。これについては本文でのちのち触れます。

なぜか、僕の場合、誰と付き合ったとか何かやらかしたとか、常に報道されてしまいます。いくら芸能人とはいえ、僕と明石家さんまさんくらいではないでしょうか、ずーっとプライベートがさらされているのは。1円ももらうわけではないので、いい気分ではありません。

メディアにかけ合えば、そういった報道は消せないことはないと思います。しかし、報道一つで僕がつぶれるのだったら、そこまでの存在だろうと思い、すべてそのままにしています。止めたことはありません。

では、なぜ僕が誰かとデートしたなどの報道をしたいのか？　仲良くなった編集長や担当者に聞いてみると、「だって数字上がるんですよ、売れるんですもん」と言います。つまり、読みたい人がいるということなのでしょう。

それなら、仕方ありません。そこに一つのマーケットがあるということだし、ビジネスになっているのなら文句はありません。

プライベートをさらされているのですから、ウィン・ウィンとはいいませんが、僕で儲かっているのならそれでいいし、僕のほうにもいつか恩恵が戻ってくるかもしれません。周りの人たちと一緒に儲かっていけるのであれば、「保阪尚希」というキャラクターを利用してもらってもかまわないと思っています。

そもそも僕は芸能一家出身でもないし、守ってくれる親・家族もいないところから芸能生活をスタートさせました。何の後ろ盾もなく突然世に出てきたこともあって、「何でこいつが残ってるのか？」「どうして成功しているのか？」と、興味や憧れを持ってくれている人、あるいは僕の活躍を心の拠りどころに思ってくれている人がけっこういるということを感じています。

例えば、芸能人が本を出したりするとサイン会や握手会を行いますが、当然、僕も昔やっていました。そうすると、その場で泣いてしまうファンの子がけっこう多かったわけです。それは、僕に直接会えて嬉《うれ》しくて泣いているのではなくて、たぶん境遇的なことで泣いているようでした。

僕のファンにはリストカットをしている子や素行に問題のある子、親からＤＶを受けているような子、さらには養護施設育ちの子など、どこか孤独や寂しさを抱えている子が多かったと思います。

そういう子たちと接してみて、自分がテレビに出るということで、僕のまったく知らない人たちを勇気づけたり元気づけたりしていて、ファンの人たちのプラスになるなら大事なことだなと思うようになりました。

最近は、特に「マッチメーカー」のビジネスの規模が大きくグローバルになってきているので、本当はあまり目立ちたくないのですが、通販業界での成功がテレビや雑誌などで取り上げられるようになっています。

僕がメディアに出ることによって、芸能人でもビジネスに挑戦したら成功できるかもしれないとか、普通の人でも、親などの後ろ盾がなくても、頑張ればここまで行けるかもしれないということを、少しでも伝えられるのであれば意味があると思っています。

冒頭に述べているように、もう何年も前から「あの俳優の保阪尚希が通販業界に参入して1日○億円を売った！」などとネットのニュースになっていましたが、どういうわけか最近になって、僕の通販での成功が話題になるようになりました。

こちらとしては同じことをずっとしてきたのですが、もしかしたらちょうど時代が合ったのかもしれません。

10年前に比べて日経平均株価は約1万円も上がっていますが、国内消費は落ちているので、景気が良くなっている実感はほとんどないはずです。株価は上がったといっても、ギャラというか給料は上がりもしないですし、年金や社会保障費も削られる世知辛い世の中になってきています。

そういう時代の中で、「この先、どうしたらいいんだろう？」と悩む人が増えてきたからこそ、僕みたいなそれまでとはまったく違うステージで大きく成功した例を見ると、「他のこと、次のことにチャレンジしてもいいんだ」というような勇気づけになっているのかもしれません。

仕事や生き方で何か悩んでいる時に、僕の転身ぶりや生き方を見て、「今のままでなくてもいいんだ」「動いてもいいんだ」と感じてもらったり、興味を持ったりしてくれている人が増えてきたような気がします。

この本が、今いろいろなことに悩んだり、先のことがわからなくて不安になっている人たちにとって少しでもプラスになってくれれば幸いです。

2018年5月

保阪尚希

どん底から
1日1億円の
売り上げを出す方法

目次

［第2章］

ゼロから始まった商品開発

［第3章］

「絶対に売れる」自信をもつためのこだわり 99

[第1章]

命の危機を乗り越えて飛び込んだ通販業界

人生の「激動の年」は小学1年生の年

僕が芸能界に飛び込んだのは、家庭の事情からでした。

僕は両親と妹、そして祖母と5人で暮らす、ごく普通の家庭で育ちました。しかし、僕が7歳となった1974年12月、両親が自宅で自殺してしまったのです。妹はまだ2歳でした。

人生を振り返ると、たぶん誰しもが「激動の年」というのがあると思うのですが、僕の場合、6歳から7歳になるこの年がそれでした。

まず小学校1年生になってすぐ、僕はひき逃げに遭ってしまいます。

僕の家は静岡市の駿府《すんぷ》城のほど近く、鷹匠《たかじょう》というところにありました。鷹狩りが好きだった織田信長が鷹匠を住まわせたことからつけられた地名です。通っていた小学校は伝馬《てんま》町《ちょう》小学校というところで、家から歩いてだいたい15分くらいで着くことができます。今ではあまり面影はありませんが、昔ながらの城下町で僕はのびのび育ちました。

4月、学校が始まって1週間後ぐらいに、家を出て二つ目の信号のところの歩道を歩いていた時のことでした。交差点の対面にタクシー会社があったのですが、そこからタクシーが真っすぐ飛び出して歩道に突っ込んできました。たまたまそこにいた僕が踏みつぶされてしまったのです。

運転手は僕をひいてパニックになったのか、僕をクルマに引っかけたまま引きずって逃げました。あたりはずっと血の跡だったそうです。その後病院に搬送され、1週間意識不明。その後4カ月入院することになりました。

入院中、この事故に至る原因になったと思われるある事件のことを、僕は思い出さずにはいられませんでした。

静岡市内には静岡浅間神社という神社があって、そこでは亀の甲羅の端っこに穴を開けて、お酒を飲ませて逃がすという願かけが行われています。亀がいっぱいいる神社で、僕は亀が欲しくて、その神社から甲羅に穴の開いた亀を盗んできたのです。

家に持ってきて飼っていたのですが、朝起きたら脱走していて、亀が家の中を這《は》った跡が玄関までありました。何と垂直の壁を登った跡もあり、少しだけ玄関の扉が開いていました。

扉を開けて外に出ると――家の前で亀がペチャンコになって死んでいました。クルマにひかれていたのです。そして、その1週間後。今度は僕自身がランドセルを背負ったままタクシーに踏みつぶされました。

病院に搬送されてからだと思いますが、いわゆる臨死体験だと思う夢のようなものも見ました。自分が三途《さんず》の川みたいなところを歩いて、知らないおばちゃんに「あんた、こっち来ちゃダメだから向こうへ行きなさい」と言われて、ずっと光の中を歩いていったら、普段よく遊んでいた家の裏にある神社に出たのです。

そこの御神木は、木が割れて女性器のような形になっていることから、子どもを授かりたい方たちがよくお参りをしていました。僕はその木の穴の中に入って隠れん坊をよくしていたのです。その木の割れ目から出てきて、家まで歩いて帰って、玄関をパッと開けたら――病院のベッドの上で目が覚めたのです。それが事故から1週間後のことでした。

目を覚ますと全身が痛くて、足が吊《つ》るされていて、頭も剃《そ》られてつるっぱげになっていて、しかも全身にコードがついているという状態。頭蓋骨《ずがいこつ》も骨折、内臓破裂で右半身全部ぐちゃぐちゃに折れてしまっていたので、もう歩けないといわれました。

季節は夏となり、リハビリを続けていました。

そんなある日。映画などでは、それまで歩けなかった人が、急に車イスから立ち上がるようなシーンが描かれることがあります。実は、僕もまさにそれと同じことをやりました。なぜか急に立って歩けるようになったのです。

僕はそれ以来、神社から石一つ持って帰ってこないようにしています。

小学生から始めた〝アルバイト〟

僕は2学期から学校に行くようになり、ごく普通の小学生として過ごしていました。僕は12月11日が誕生日なので7歳になって、次にクリスマスを楽しみにしていた20日頃、両親が自殺してしまいます。

僕の誕生日が終わってクリスマスまでの2週間の間に、人生を左右する、まさに激動の出来事が起こりました。

朝、目を覚ますと警察官がいっぱい家にいて、本当にドラマの世界のようでした。ただ、記憶を消したのか覚えてないのか、そのあたりだけ記憶が断片的です。

それ以来、僕の家ではクリスマスがありません。年末というと周りはけっこうウキウキしていますが、僕の場合、「クリスマス＝親の命日」にぶつかるので、めでたいことがありません。もちろん、自分の誕生日を祝ったりもしませんでした。

それでも、自分は一応7歳になっていて、洋服を自分で着たり、お風呂に入ったり、家事の手伝いくらいはできるので、生きてはいけます。しかし、2歳ちょっとの妹はとても一人では生きていけません。下手をすればまだオムツでしたから。

家があったこと、そして祖母がいたこともあって、施設などに入らずに祖母との3人暮らしが続きました。すると、2年後に今度は祖母が脳溢血《のういっけつ》で倒れて半身不随になってしまいました。

家事や料理はすべて自分でしていましたが、おばから「あんたが迷惑かけるからお祖母ちゃんが倒れたのよ」と言われたのは、正直きつかったです。

とにかく、せめて自分のことはすべて僕一人でやっていかないと妹は生きていけないと思い、祖母の負担を減らすために少しでも早く家を出る手段として、小学校の頃からいろいろなアルバイトを始めました。ゲームセンターなどで友達と遊んだりするのも、釣り道具や自転車を買うにもお金が必要ですが、それを祖母からもらうわけにはいかなかったからです。

最初のバイトは熱帯魚屋さん。静岡というのは、夏に海に行くと死滅回遊魚（初夏に黒潮に乗って流れてきて太平洋側の磯・港などに住み着く南方系の魚。その多くは冬になって海水温が下がると死に絶えてしまう）がいっぱい来ていて、熱帯魚が海を泳いでいたりします。

僕は熱帯魚が大好きで、それをすくって家で飼っていたり、駿府城のお堀で釣った魚や亀などをいっぱい飼っていました。それで熱帯魚屋さんによく出入りしていたのです。

市内に1軒大きな熱帯魚屋さんがありました。僕はそこに行って、「バイトさせてくれ、ゴミ掃除でも何でもやるから」と頼み込みました。店長は「小学生がバイト？」と驚いていましたが、時給は２００円、お昼ご飯というか、おやつのパン付きで雇ってもらうことができました。

そのお店では、金魚すくい、亀すくいのほか、鯉とウナギを針で引っ掛けて、たこ糸を切らさずに引き上げたらもらえるという催しをやっていました。1回１００円で、すくった分をもらえます。僕はなぜかそれが上手かったのでいっぱい取れました。

当然それを飼うわけではなく、デパートの熱帯魚屋さんに持っていって買ってもらうようになりました。いわゆる〝卸〟です。１００円を元手で5匹釣ったとして、1匹１００円で売れたら４００円も儲けになります。それでお金をためていきました。

意外とバレなかった中学でのバイト経験

とはいえ、魚をたくさんデパートに持っていっても、それほど売れるわけでもないので、他のことも考えました。

その当時、ハツカネズミやハムスター、シマリスを飼うことがすごく流行《はや》っていました。そこで、まずはハツカネズミを1匹300円でつがいで買ってきました。

〝ハツカネズミ〟というぐらいですから20日間で増えていきます。まぁ、親が食べちゃうこともあるのですが。

20日で10匹ぐらい産んで、ある程度まで育ててから売ると、1匹50円で売れます。親で600円かかり、子どもを500円で売るので、1回目は赤字です。しかし、2回目からはどんどんプラスになっていきます。

しばらくハツカネズミの〝卸〟をやっていたのですが、儲けが少ないので、次はもっと人気のあったハムスターを育てました。確か1匹800円から1000円くらいだったと思いますが、ハムスターだと売値が100円、200円、うまくいけば300円などに上がることもありました。

その後、ハムスターで稼いだお金を元手に、シマリスを飼うことにしました。シマリスは1匹3000~4000円するので、シマリスのほうが儲かるなと思って手を出したのですが……これが子どもをなかなか産みません。ある程度は続けましたが、これはダメだと——その頃、まだ言葉は知りませんでしたが、あまりに「利益率」が悪いので——やめてしまいました。

そのうち中学生になりました。通っていた中学校の裏に、日本がパスタ全般をまだ「スパゲッティ」と呼んでいた頃、ちゃんとしたイタリアン・レストランがあったので、そこに行って「皿洗いでも何でもいいんでバイトさせてくれ」と頼みました。

中学生はもちろんバイト禁止で、どこかでバイトをしていたらだいたいバレてしまいます。ところが、その店は中学校の真裏で、学校の先生たちも来るところなのですが、これが逆にバレないのです。

というのも、先生たちは学校の真裏の店でまさか生徒がバイトしているとは思いませんので、自然とチェックが緩くなります。中途半端に離れたところでバイトするから見つかってしまうのです。もっとも、小学校時代の熱帯魚屋さんでは表に立って働いていたのでバレるかと思っていましたが、何とか大丈夫でした。

まさに「灯台下暗し」、目の前はバレません。僕は高校にバイクで行っていたこともあるのですが、あえて僕は学校の中に停めていました。みんな駅前などちょっと離れたところに停めるから、逆に見つかって停学などになってしまうのです。一番近くが一番バレません。

イタリアン・レストランでは子どもを雇ってはいけないですし、先生たちも来るので、ホールには当然立てません。そこで、パントリーというキッチン横のスペースで主に喫茶を担当し、コーヒーをいれたり、クレープを焼いたり、パフェを作ったりさせてもらいました。バイト代は時給400円か500円ぐらいだったと思います。

僕は、テレビで料理をする時には魚をさばいたりするシーンが多いのですが、実際に作るのはイタリアンが多いです。それは、この店での体験がベースになっているからです。なぜかというと、パスタの作り方をシェフが教えてくれたからにほかなりません。

中学生ですが一応従業員ということで「従業員伝票」というものがあって、その伝票を出すと例えば1000円のパスタでも100円で食べられる仕組みになっていました。いわゆるまかない料理です。

バイトを始めた頃は、食べたいパスタがあったら100円で料理長に作ってもらっていたのですが、そのうち、「保阪、ちょっと来い。作り方見せてやるから。1回目は俺が作ってやるけど、次からお前が自分で作れ。そしたらこの100円要らないから」と言ってくれるようになりました。"アルデンテ"の意味もいまいちよくわからなかった頃の話です。

その頃は、「茹でたパスタを壁に投げつけてペタリと張り付けばアルデンテだ」なんて言われていました。

ライブハウス通いで上京、スカウトされる

祖母に負担を掛けてはいけないと思ってバイトにいそしみ、中学校卒業までに貯金は100万円に達しました。そのうち70万円を祖母と妹のために置いて上京することになります。

そのままイタリアン・レストランで働いてもよかったのですが、僕は音楽と洋服が当時から好きで、東海道線の鈍行に乗って、よく東京まで来ていました。静岡から東京まで、当時、小学生・中学生の料金で1600円ぐらいだったでしょうか。

浜田省吾、THE BLUE HEARTS、KENZI&THE TRIPS、BARBEE BOYS、レピッシュ、RCサクセションなどそうそうたるミュージシャンを輩出した『屋根裏』というライブハウスが昔、渋谷センター街と西武百貨店の間にあって、そこでのライブを見るために上京していたのです。

当時はセックス・ピストルズなどイギリスのパンク系の音楽が流行っていた時代で、日本のバンドではアナーキーなども人気でした。ちなみに、僕が初めてレコードを買ったのは小学校の時、KISS『地獄の軍団（Destroyer）』です。レインボーやコージー・パウエルといったハードロックが好きでした。

上京ついでに原宿の古着屋さんをのぞきに行きました。みんな古着なんか興味がなくて、古着屋さんも「シカゴ」ほか2～3軒しかない時代です。僕はアメリカンな感じの古着が大好きで、ベースボールシャツみたいな古着を買ってよく着ていました。

早く家を出て自立するために、大工さんでもイタリア料理のコックさんでも何でもよかったのですが、とにかく職人さんにならなければいけないと思っていました。ところが、たまたま渋谷に遊びに行った時、芸能事務所にスカウトされたのです。

それが「スターダストプロモーション」。今ではすっかり大きな会社になりましたが、その頃はまだ設立したての頃で、社長はまだ20代でしたが、上下真っ白いスーツに白いエナメルの靴を履いて、真っ白いベンツに乗っていたのが印象的でした。渋谷の並木橋の事務所で話を聞いた後、2人で一緒に天ぷらを食べて、パルコの前で別れた思い出があります。

僕は音楽は好きでしたが、芸能界に憧れていたわけではないし、芸能界に入るなんて想像すらしていませんでした。

当時はジャニーズさんが全盛期で、アイドルで同期というと小泉今日子さんや吉川晃司さんです。サザンオールスターズが出るか出ないかぐらいで、音楽といえばジャニーズかアイドル、あとはニューミュージック系と演歌の方たちしかいない頃です。ドリフターズの人気が健在で、まだ『オレたちひょうきん族』もやっていません。本当に「ザ・芸能界」の頃でした。

芸能界のことは全然わかりませんでしたが、まぁ何となく面白そうだし、「自分のようなガキでも仕事ができるんだ」と思って、静岡から出ていくことにしました。

結局、誰にも相談しませんでした。親がいないですし、祖母に言ってもわからないことでしょう。いいも悪いも言う人がいなかったので、自分一人で「行く」と決めて上京したのです。

自立して強くなれたのは両親のおかげ

ネズミを飼うのも、バイトをするのも、自転車を買うのも、僕はすべて自分で決めてきました。東京に行ってライブを見てくるのも、自分の財布の中と相談しながらすべて自己判断です。

性格にもよるのでしょうが、親が早くいなくなったので、7歳の時点から「自分で何とかしなきゃいけない」と自立するしかなかったのです。自分が強くなれたのは、そういう意味では、両親のおかげだといえるでしょう。

そこは、誤解を恐れずに言うと、親に感謝する部分です。社会デビューが早く、いろいろなことを早くからできるようになったというのと、自分で責任を取ってすべてやらなければいけないという覚悟を与えてくれたということです。

失敗しようが成功しようが、全部自分の責任——誰かを頼らないで生きていくというベースができたのは、小学校、中学校の頃だと思います。祖母以外、本当に誰一人助けてくれなかったんですから。

親戚はいました。父親の姉なのか妹なのか、いまだによくわかりませんが、2人います。ほぼ会ったことがないのですが、先ほども書いたように、祖母が倒れた時にいきなり飛んで来て、「あんたが面倒かけるからよ」と言い放った人です。

そのおばたち、本当に不思議なのですが、のちに僕が芸能界に入って東京に来た後、わざわざスターダストプロモーションに押しかけてきたそうです。

「今だから言うけどさあ、お前のおばさんいるだろ。その人が突然、俺のとこに直接来て、『あの子が何をやっても私は面倒見ませんから。縁を切りますよ』と言って帰ってったっていうことがあったんだよ」

ある程度売れてからのことですが、当時の事務所の社長に聞いた話です。いったい何が狙いだったのか……僕には理解できません。

僕が東京に来てからも妹とずっと同居をしていた祖母は、2017年に亡くなりました。106歳の大往生です。さすがにちょっとボケてきて、施設に入っていたのですが、数年前から低気圧がやってくる6月になると毎年、危篤状態になるようになりました。年齢も年齢だし機械につないでまで延命するのもかわいそうだと思い、最期は自然に任せていました。

しかし、祖母がそのような状態になっても、おばは、自分たちにとっては母親なのに、1回も見舞いに来ませんでした。

何があったのかは知りませんが、それは祖母と子どもたちとの問題なので、僕たちは立ち入ることはできません。そのような環境でしたから、親戚にも一切頼ることができなかったのです。

「どれか覚えれば食ってける！」

芸能事務所に入ったといっても、歌も踊りも何もやったことがないので、当時スターダストプロモーションで主宰していた『劇男零心会《げきだんれいしんかい》』という軍団に最初は入れられました。

それは渋谷で活動した路上パフォーマンス集団で、後の『一世風靡』の若手精鋭チームという位置付けでした。

一世風靡は、この集団の中のアイドルグループ的な存在だったのですが、他の事務所に移籍して活動することになりました。

ちょうどそのタイミングで、哀川翔さんや柳葉敏郎さんなどが稽古にもうそれほど来なくなった頃に僕は参加することになりました。僕は51番目のメンバーで、僕の下に52番目の最後の一人がいます。

レッスンといっても、朝から晩まで延々と腿上げやったり腕立てしたり、ただの肉体訓練。完全に体育会のノリで、何がレッスンになっているのかわかりません。早口言葉を大声でやらされたり、ひたすらしごきの世界でしたが、一世風靡と同じように、原宿の昔の歩行者天国、いわゆる〝ホコ天〟でパフォーマンスしていたのです。

その時に、ありとあらゆる雑用をやらされました。僕は全然何もわからないのに、「保阪、お前、全員分の衣装買ってこい。こういう企画だから、こういう感じで、これだけの金額で探してこい」

と、いわゆるスタイリスト業務をやらされたかと思ったら、

「短いコントみたいのやるから、お前台本書けよ」

と言われたり……。

現場では「保阪、平台たたいとけ」と言われたりするのですが、そもそも「平台って何ですか?」という状況です。「舞台のこういう板を平台っていうんだよ。じゃあトンカチの使い方教えるから、作ってみな」と言われ、それが終わると、「俺、ここに立つから照

明当てろ」と、照明までやらされました。

〝あ、これ職人だな。どれか覚えれば食ってけるわ〟

自分も舞台に出ていましたが、僕はスタッフをやればいいと思いました。

ずっと一人で生きてきた僕がいきなり集団行動の中に入れられて、しかも51番目だったので奴隷のようなものです。しかも、責任ある仕事をやらされます。まぁ「責任ある仕事」と僕が感じただけで、先輩たちからしたらただの雑用だったのかもしれません。「面倒くさいことは全部、学級委員長にやらせちゃえ」みたいな感じでしょうか。僕としては、裏方の仕事を覚えたら食っていけそうだし、面白いなと思っていました。

いきなりＮＨＫのアイドル番組に抜擢

そうこうしているうちに事務所のほうから、「ＮＨＫのオーディション入ったぞ。１次審査通ったから頑張ってこい」と言われました。それが、当時、『レッツゴーヤング』というアイドルの歌番組――ほとんどジャニーズさんが出ている番組だったのです。

「え……僕、何やるんですか？」

「歌だよ、歌。歌って踊ればいいんだよ。その番組、知らないの？」

「見たことないですよ」

「お前、これに出られるかもしれないから」

「いや、何にもレッスンしてないですけど」

「まぁとりあえず行けよ」

それでＮＨＫに行きましたが、披露できるような特技もありません。しょうがないので、その頃すごく流行っていた渡辺徹さんの歌を歌った覚えがあります。

「何でオーディションを受けようと思ったんですか？」

「受かったらどんなことをしたいですか？」

まさに映画やドキュメンタリーで見るオーディション・シーンそのもの。大人たちが座っている目の前で、50人ぐらいの若手が一人一人出ていって、パフォーマンスしていきます。ほとんどが大手アイドル事務所の人ですから、みんなレッスンを受けているので、飛んだり跳ねたりしています。そして、途中で「はい、結構です」と言われるとそれで終わり。

僕は、渡辺徹さんの歌を1曲歌って、

「自分はこういうレッスンを受けたことがないんで、踊りも何もできませんし、何ができるかわからないです」

と素直に言った覚えがあります。

それが……どういうわけか合格してしまいました。それから半年から1年の間、週3ぐらいでNHKに通い、ずっとレッスンを受けました。レッスンにはギャラはつきませんが、レッスンで週3日、本番入れて週4日拘束されて、3000円ぐらいのギャラをもらえたと思います。

つまり、この『レッツゴーヤング』が僕にとって初めてのレギュラーの仕事になりました。そこから割とトントン拍子にアイドル街道をばく進していくことになります。

最初の1年ぐらいは下積み——といっても、スタッフとして制作作業をやっていたのと、2時間ぐらいの舞台の間に5言ぐらいセリフがあった程度の活動で、下積みというほどのことは経験してはいませんでした。

僕は「アイドル」になる気なんてありませんでしたが、年齢としても番組としても、そして時代的にもアイドルとしての役割が求められました。

その後、アイドルへの登竜門のようなドラマにバンバン出演が決まっていって、CMや映画も決まりと、一気に「芸能人らしい」活動をするようになります。

駆け出しからやっていた「セルフプロデュース」

正直、「アイドル」というキャラクターを求められているから、それをやっていただけ。CMの時はもちろんCMのキャラでやるし、本来の自分のキャラとは全然違います。アイドル事務所の子たちが踊るようなヒップホップやジャズダンスが好きだったかといわれれば、全然好きではないし、アイドルの曲どころか、そもそも日本の歌謡曲すら聞いていませんでした。

僕はアイドルを演じながらも、自分がやりたいことをその頃から自分で主張していました。芸能界も知らないで入ってきて、いきなり意見を言うのですから、小生意気なガキだったと思います。

たぶん、それは1年間の制作作業の中で、先輩たちがどのように自分を見せたらいいのかと考えていた姿に影響されたからだと思います。僕も、自分をどのように見せていけばいいのだろうと考えた中で、「セルフプロデュース」という形を取ったともいえます。

その頃はまだ所属事務所にそれほど人材がいなくて、仕掛けやセールスポイントなどいろいろ考えるのは社長ぐらいしかいなかったことも良かったのかもしれません。割と社長とマンツーマンで交渉ができたので、自由なセルフプロデュースができたのかなと思っています。

やがて時代が昭和から平成になり、福山雅治や萩原聖人、永瀬正敏とともに「平成四天王」や「新・平成御三家」などと呼ばれて、休みなくドラマやCMの仕事が入り、少し間があれば海外ロケ——という生活をずっと送り続けてきました。

一時はドラマを5本掛け持ちし、休みが年に2日ということもありました。自慢ではありませんが、東京・浅草の『マルベル堂』というプロマイド屋の売り上げの歴代1位はこの僕。それほど人気もあったのです。

ドラマの話をすると、僕はデビューはけっこう早かったのですが、プロフィールでは1986年の『このこ誰の子?』というフジテレビの連続ドラマをデビューということにしています。

これには理由があります。このドラマの中での僕のボクシングの師匠役が梅宮辰夫さんだったのですが、この時から大変かわいがっていただいています。

僕はボクシングでチャンピオンを目指している高校生役で、練習シーンでは常に短パン、上半身は裸でした。いくらボクサーでも、ランニングなど裸でするわけないのですが、真冬でも裸で走らされました。寒い中で体に水をかけられると湯気が出るので、絵的にはいいのです。ただ、セリフを言うと息が白くなるので、セリフを言うギリギリまで口の中に氷を入れさせられました。

撮影の待ち時間は、真冬なのに泥だらけで震えていました。そうしたら、

「保阪、俺のクルマに乗ってろ。風邪引くから」

と、梅宮さんが声をかけてくれました。でも梅宮さん、その頃は新車の真っ白いベンツに乗っていて、僕は汚しては悪いと思って断りました。しかし、梅宮さんは、

「いや、お前、乗れ。お前が主役なんだから、お前が倒れたら、このドラマは終わってしまう。だから、お前は乗れ」

と言って、躊躇《ちゅうちょ》する僕を暖房をガンガンに入れたクルマに押し込みました。そして、梅宮さんはその間ずっと外に立っていたのです。

〝あ、この人すごいな。年上になってこういうポジションになったら、こういうことしなくちゃいけないんだな〟

僕はすごく学びました。そして、梅宮さんがその時に言ったのが、

「保阪、役者は主役を取った時がデビュー年だからな」

という言葉です。

「いいか、歌手はな、ＣＤ出した時がデビューだよ。でも、お前は役者だから、主役を取った時がデビューだからな」

〝いや、梅宮さん、その理屈から言ったら、何年も活躍しているいい役者さんでも、まだデビューしてない人、いっぱいいますよ〟

そう思ったのですが、「わかりました」といってその通りにしています。だから、その前にドラマでレギュラーや単発での出演はありましたが、僕は『このこ誰の子？』で主役をいただいたので、それを「保阪尚希のドラマデビュー年」としているのです。

それにしても、当時のテレビはよくも悪くもいい加減でした。このドラマ、マンガの原作では僕の役は画家で、最初は原作通り画家を演じていました。ところが、僕は高校時代にボクシングを習っていたのですが、それをプロデューサーがどこかから聞いてきたのでしょう、途中からいきなりボクサーですから（笑）。

祖母のためだけに出演していた時代劇

僕が芸能界に飛び込んで、唯一、祖母にアピールというか、そこに自分が存在しているということを伝えるために、若い頃から時代劇をやらせてもらいました。

実は、当時のアイドルというのは時代劇出演は原則禁止でした。

今でこそNHKの大河ドラマには、アイドルが出演するのは当たり前となっていて、むしろ年配の俳優が少ないと感じるぐらいですが、当時は真逆だったのです。

また、僕が時代劇に出るようになった80年代後半は、東京で働いている僕たちが関西の番組、特に京都の時代劇に出ると「都落ち」といわれたものです。東京で仕事が埋まらないから関西まで来たと見られていたのです。

さらに言ってしまえば、テレビのドラマに関しても、NHKのほかは日本テレビ、TBS、フジテレビ以外の局、つまりテレビ朝日とテレビ東京は出演禁止のような空気がありました。当時のこの2局は視聴率が低く、刑事ドラマか時代劇しかないイメージで、2時間ドラマも出てはいけないといわれていました。

しかし――僕の祖母は時代劇しか見ないのです。そもそも僕は『水戸黄門』や『遠山の金さん』、『江戸を斬る』などを見て育ったといっても過言ではありません。そのため、僕は最初から京都に行かせてくれ、時代劇に出たいと事務所には言っていました。

ただし、僕は時代劇に出るのが好きというわけではありません。どちらかというと嫌いです。当然、カツラを被《かぶ》らなければいけないのですが、カツラほど気分の悪いものはないからです。頭は痛くなるし、場合によっては髪が抜けてしまいます。

また、カツラの生え際の境目を隠すためにゴムみたいのを薄く塗って、もみあげの部分はセメダインと粘土で作り、色を塗って仕上げていかなければなりません。撮影が終わったら当然カツラは外しますが、顔にベンジンを塗って、どうにか落としていきます。ベンジンですよ。時代劇の仕事が続いたら、顔がかぶれたり、ただれてしまいます。

「この時代にこれ？　どうにかならないの？」

そう思いますが、現在も製作費が少なく、技術の開発もしていませんから、ずっとこのままでしょう。

しかも、大部屋や化粧間に置いてあるのはトイレットペーパーですから。顔にベンジンをつけて、トイレットペーパーで拭き落とす――おおよそ人の作業ではありません。ベンジンは家のペンキを落とすもの、トイレットペーパーはお尻を拭くものです。けれども「顔でメシ食ってる職業の人間」の大事な顔をこんなもので拭いていたのです。

だから、僕は時代劇が好きではないなのですが、祖母が時代劇しか見ないので積極的に出してもらっていたのです。本当に祖母のためだけでした。

もう祖母は亡くなったので、今後たぶん僕は時代劇をやることはないでしょう。時代劇の扮装に顔が合うといわれてお話もいただくのですが、苦痛が多過ぎて。なるべく苦痛になることはやめようと思って生きているので、カツラを被る仕事は考えますね。

京都で受けた「洗礼」

時代劇に出始めた頃は、「京都側」からいろいろと嫌がらせもありました。

「東京もんが。東京で売れてるからって、こっちでも知られてると思うなよ」という、いわゆる「京都の洗礼」というやつです。

「いや、僕は静岡ですけど」と思っていましたけど、笑い事ではなく、かなり激しい衝突もしました。主役である僕に照明を当ててくれないことで現場の人とケンカになり、京都の撮影所を出禁になったくらいです。東京もんとかアイドルとかにこだわって、プロとしていい作品を作ろうという姿勢がないことに怒りが沸いたのです。

京都側も、東京から売れている若いアイドルや前線で活躍しているトレンディ俳優が来たことがないので、扱い方がわからなかったということもあるかもしれません。

ただ、その当時すでに僕はドラマを通して松方弘樹さんにもかわいがってもらっていました。

松方さんといえば当時、京都では王様です。別に僕から何か言ったわけではないのですが、松方さんが京都のプロデューサーに「保阪と揉《も》めたのか？」と聞いたみたいで、すぐに平謝りの連絡が僕のところに来ました。

それから、本当に面白いくらいの手のひら返し。新幹線もグリーン車になり（それまで普通車）、駅のホームまで迎えに来てくれて（それまでは駅からタクシーに乗って勝手に行く）、宿泊もちゃんとしたホテルになり（それまでは一泊２０００円くらいのビジネスホテル）、アシスタントもついて特別な控室も与えられるようになりました。

これには笑うしかありませんでした。

ビジネスの礎《いしずえ》を築いた写真集制作

ドラマに関してセルフプロデュースしたのは、時代劇に出ることと、もう一つ、なるべく主役をやらないということもありました。

主役ではなくて三番手ぐらい、もしも主役であるなら絶対に女の子を立てるか、あるいは女性が主役で、僕が二番手でいいと、仕事に制限をかけていました。

なぜ主役が嫌か？　それは、主役というのは視聴率が良ければ大騒ぎしてくれますが、悪かったら全責任を被らなければいけないからです。

また、ギャラというのは〝ランク〟で決まるので、露出が多く責任が重い主役でもそうでもない三番手でも、俳優としてのランクが同じであれば、ギャラは変わらないのです。

主役の話が来ても止めに入るという作業を僕自身がしていました。

時代の流れで、挿入歌や主題歌を歌わなければいけなくなるのですが、その時も「自分で歌を歌うんだったら、自分に歌詞を書かせてもらえないんだったらやりません」と主張しました。

その当時、X JAPANがバーッと売れ始めていた頃ということもあり、「X JAPANでやりたい」といって、Toshlに作曲を頼み、歌詞は自分で作ってCDも出しています。

写真集も、紙やカメラマンにこだわって自分プロデュースで作りました。僕自身、写真集が大好きで、海外の大御所のカメラマンが作るような写真集を作りたいという思いがあったのです。

そこで、たかがアイドルでしたが、そういう路線を狙って、当時B'zやX JAPANのhideのほか、外国人アーティストしか撮っていなかった管野秀夫さんをカメラマンに起用して、アメリカのアリゾナやロサンゼルスで撮ってもらいました。

ドイツの紙を使ったり、しっかりとした外表紙もつけたり、箱(ケース)に入るタイプにしたり、サイズも書店の棚に縦に入らないほどの大きさにしてしまうなど、ものすごくこだわりました。

本当なら1冊1万円ぐらいで売らないと利益が出ないのに、客層を考えて2500円くらいで売りました。当時はバブルでお金があったから何とかなりましたが、完全に赤字です。1000円くらいで女の子の写真集を売っていた時代ですから、2500円でもちょっと高かったと思います。

僕は自分自身でも写真を撮るのも大好きで、ちょうどキヤノンの「ＥＯＳ－１」が初めて出た頃、それ1台持って世界一周回って写真を撮ったりしていました。

当時は今のようにデジタルではないので、フィルムを現像して紙焼きにするのに1カ月150万円ぐらいの出費があったほどです。紙焼きを頼むのもプロ御用達《ごようたし》の店です。

当時は、そういう意味では利益率など考えず、最高のものを作りたいという思いにこだわって交渉事をずっとやってきました。現在、通販などで売り出す商品づくりのベースとなっているところは、たぶんその頃から培われたものだと思っています。

セルフプロデュースということでいうと、企画は自分で決めなければいけませんが、すべてを一人ではできるはずもありません。仲間がいなかったら何もできないので、スタッフを集めて、方向性をみんなで決めていく必要があります。いくら腕が良くても、同じ方向性を持てないスタッフは外れてもらいますし、関わってもらうからにはきちんとギャラもペイしないといけないのは当然です。

プロとしてビジネスに関わるという姿勢は、20代ですでに身に付いていたのです。

37歳で芸能界をセミリタイアして

ありがたいことにドラマに映画、ＣＭなど途切れることなく仕事をこなしていき、１９９６年の29歳の時、女優の高岡早紀さんと結婚します。芸能界ではありがちですが、ドラマで恋人役を演じた延長で付き合い、出会って３カ月で結婚しました。

相手は女優さんだし、洗濯物を干すイメージができなくて、洗濯から料理まで家事全般を僕が担当しました。それでも、子どもも二人生まれ、仕事も順調でした。

そして、32歳で迎えた２０００年の元旦の朝――。

何の前触れもなかったのですが、朝起きたら体が痛くて動けないのです。家族で初詣に行く約束をしていたのですが、とても動ける状態ではありません。早紀と子どもには先にお参りに行くように話して出かけてもらいました。

体調は回復するどころか、どんどん悪化する一方。家族が戻ってきた頃にはもう汗だくで、救急車を呼んでもらうしかありませんでした。

病院に搬送されると、腹膜炎が引き起こした内臓破裂だったと診断され、そこから８時間の緊急手術を受けることに。2日間、集中治療室にいて、またしても死の淵をさまよい、目が覚めたから生きて帰ってこられました。医師には「あと少し遅かったら死んでいたよ」といわれました。

芸能という仕事をやっていく中で、すごく体のことは気をつけていたつもりでしたが、超多忙な生活は知らず知らずのうちに体を蝕《むしば》んでいたようです。

ここで死の一歩手前まで行ったことで、自分の知識や経験、人脈というのは自分の脳の中にあるだけのものなので、死んでしまったら消えてしまうということを非常に強く意識するようになりました。

企業であれば、企業秘密として代々受け継いでいくことはできますが、僕のような個人が情報を抱え込んでしまうと何も残りません。せっかくいい情報、いいこと、いい人、いいつながりがあったとしても、死ねば誰にも伝わらないことにがく然としました。

こうした大切な情報を伝える仕事をしなければいけないと思い、2004年、37歳の時に芸能界をセミリタイアします。

僕はスターダストプロモーションの創業から25年間いて辞めたのですが、僕が入った時には5人だった社員は、辞める時には300人いましたから、〝ここまで大きくなったんだから、もういいよね？〟という、卒業に近い気持ちでした。最初の10年ぐらいは毎年、年末近くになると社員の給料も支払えないほど大変な状況が続きましたから、よく今の規模まで大きくなったなぁと感慨もひとしおでした。

やりたいことをやってからでないと、どうしても死に切れないという思いもありました。僕がやりたかったことは、プロのカーレーサーになることだったのです。

芸能界から離れて夢だったレースの道に

僕は、子どもの頃からランボルギーニやフェラーリ、ポルシェなどに憧れていた、いわゆる「スーパーカー世代」です。

免許を取って最初に買ったのが『ローバー３５００』というばかデカいクルマ。1カ月のうち20日間くらい動かなくなるような代物でした。昔から古いクルマが大好きで、新型車や日本車に全然興味がないこともあって、20歳ぐらいでクラシックカーのレース業界に入ったほどです。

30歳になる頃には『ミッレミリア』というクラシックカーのレースにも参加してきまし

たが、37歳の時に一度本格的にプロレースにチャレンジしたいという気持ちを抑え切れなくなりました。

年を取って動体視力や反射神経が落ちてくると大事故につながりますので、年齢的にはラストチャンス、今やらないともうできなくなるなと思ったのです。

そこで、ドラマ『サラリーマン金太郎』シリーズをずっと5年ぐらい続けてきたので、このドラマが終わるタイミングで事務所も辞めさせてもらったわけです。

仮にレーサーになるなら、レースの前後10日間ぐらいサーキットに入らなければいけないので、ドラマのレギュラーなんて不可能です。事務所のスタッフもずいぶん付いているので、食わせるくらいは働かなくてはいけません。そういう意味では両立は無理なので、昔からの夢のために芸能界を辞めたのです。

ちなみに、レースをしても、どんどんお金が出ていくだけで無収入同然です。スポンサーさんがいたのでマシン代は出してもらいましたが、残りの活動費はすべて自腹です。

日本人のレースで1位2位になったって1億円稼げないですから、そういう意味では大変な世界ですが、日本というのは自動車産業で大きくなった国なのに、こういうところが伸びていかないというのは不思議というか、残念だと思います。

また、自動車レースに飛び込んで事務所を辞めた２００４年には、離婚という大きな出来事もありました。

親の供養のために、40歳にして出家

事務所を辞めてレースに注力していた間も、いろいろな方からお仕事を直接いただいていました。ドラマなど連続のものは一切できないものの、芸能活動は細々とやらせていただいていました。

そうこうしているうちに、次に見えてくるのが「40歳」。40歳になったら、もう人生の半分ぐらい終わっていますから、40歳になった時に何をするのかというのも重要に思えてきました。

たまたまですが、僕が40歳になる時と、親の三十三回忌がぶつかることに気がつきました。自分の家が仏教だとしても、ほとんどの人が宗派の違いなどは知らないでしょうが、ほぼすべての宗派が三十三回忌までが供養、次からは四十年祭というお祭りに変わります。

これには諸説がありますが、死んでから33年は天界に上げられないので、この現世の中

で修行しなくてはいけない期間だとされています。次の四十年祭は、天界に上がったので祭りで祝うという考えですから、その流れからいえば、三十三回忌が終わればもう二度と親の魂とも会えなくなってしまうと感じたのです。

この機会に、親に何かしてあげたい――。

普通であれば、親に大学へ行かせてもらって、大卒で初任給をもらったら、例えばお父さんにネクタイを買ってあげたり、お母さんにスカーフをあげたりすることもあるでしょう。何かの節目に一緒に食事に行ったり、旅行させてあげたりする人も多いと思うのですが、親を早くに亡くした僕は一切やったことがありません。

年忌法要や墓参りはしてきましたけど、それ以外は特別なことは何もしたことがなかったので、何かしたいと思ったのです。

ただ、何かするとだいたいすぐにマスコミに出てしまうタイプなので、お墓を建て替えてもつまらないし、墓業者が儲かるだけだし、考えを巡らせました。そのうち、シンプルに「お経読めたらいいいな」と思いました。お経を読んで僕が直接供養できたらいいと考えたのです。

ということは、お坊さんになるか――子どもみたいな短絡的な考えですが、それでお坊さんになろうと思ったわけです。

ただ、そこからお坊さんになるのはけっこう大変で、いろいろなところに話を聞きに行きましたが、お坊さんになりたいという動機があまりにプライベート過ぎて断られました。しかも仕事を持っていて、正式な僧侶になるのは難しい状況です。

その中で、「在家出家として『いろいろな人の助けになるようなことをしてもらいたい』という意味で認めましょう」と真言宗のある宗派でいわれて、「尚陽《しょうよう》」という法名もいただいて得度を受けました。そして、お経が読めるようになり、お坊さんの端っこに置いていただいています。

宗教活動は一切しませんでしたが、出家した2007年の1年間だけはお経を読んでいました。まだ僧侶の端っこにはいると思いますが、きちんと修行なさっている方がいっぱいいらっしゃるので、自分が僧侶だとはおこがましくてあまり言えません。

ただ、芸能の世界では宗教色を出すのは大きな問題です。

瀬戸内寂聴さんのような本物のお坊さんがテレビに出て、何か説法を述べられるのはいいでしょうけど、宗教ビジネスに利用されてはいけません。テレビに出る以上、特定の宗教を宣伝するようなことはNGなので、公平な立場としてなるべく宗教色がない番組作りをします。

僕の場合、親の供養のためにお経を読みたいからお坊さんになったので、これでテレビに出られなくなったら、それはそれでしょうがないなと思い切りました。それでもワーワー報道されたのはご存知の通りです。

「たぶんテレビは終わる」と思ったのも10年前

いま考えると、いいタイミングで芸能界と距離を取ったなと思います。

結局、レース活動は1年で終わり、僕はちょうど10年前、40歳の時に在家出家をして両親を弔い、それからテレビ通販の業界に入って仕事があったからいいものの、芸能人というのはもう先がないと感じています。

テレビに出てない芸能人はどうやって食っているんだろう、何して生きているのだろうと心配になります。僕も37歳の時点でテレビだけにしがみついていたら、いま何をやっていたのか想像もつきません。

実際、芸能界自体のギャラもどんどん下がっています。日本の芸能界の場合は、テレビ局からお金をもらう仕組みです。要は、僕たちは出入り業者です。いつ切られてもおかしくないので、いつも頭を下げていなければいけません。

自動車メーカーの下請けと一緒です。メーカーにダメだといわれたら、その下が全部つぶれるのと同じ。役者がダメといわれたら事務所がつぶれてしまいます。あくまで下請けですから、テレビ局にお金がなかったら、こちらにもお金は回ってきません。

当然ながら、僕らのギャラというのは制作費の一部です。今はテレビ局に入るお金がどんどん下がっていますから、制作費やスタッフに回るお金もどんどん安くなっているのももっともです。

ちょうど僕がテレビ通販の業界に入った10年前ぐらい、僕はテレビの「過渡期」だと感じていました。ヤフーさんや楽天さんが一気に大きくなってきた頃ですが、

〝これからテレビは縮小していくだろうな。インターネットも普及して、こういうテレビショッピングもどんどん普及してくると、テレビ界に何か変化があるだろうな〟

そう思ったのです。

その頃はまだＢＳやＣＳは大したものではなかったですが、制作の優秀な子たちがどんどんＢＳなどに流れていっていました。特にドラマなどでは如実で、スタッフが吐き出さ

れるということは、スタッフのお金が払えないということ。そうするといい人材が確保できなくなり、クオリティが下がるのは明らかです。そういうのを横目で見ていて、「もうテレビが一番の時代ではないのかな」と思ったわけです。

そこで、何か別の業種で、仕事ができる仲間を集めて、僕のキャラクターを使って、面白いことができないかといった時に思い浮かんだのが、いい商品を作って売ること、しかも有益な情報を保阪尚希というキャラクターを利用して、皆さんに伝えて何かを感じてもらう「スポークスマン」の役目がいいと考えました。

タレントがCMに出るためにはここまでやる

俳優を全《まっと》うするのであれば、ドラマや映画、舞台に出ればいいと思われるでしょうが、僕の場合、実際のところはテレビタレント業です。俳優といってもテレビ、芸能界の一部に過ぎません。

僕たちのような仕事の場合、利益率を考えたらCMのスポンサーを取ることが一番。日本の場合、CM出演が一番ギャラが大きいのです。

海外、例えばハリウッドなどでは映画の主役級になれば、1本出るだけでギャラがそれこそ100億円になったりします。当然、二次使用、三次使用、ビデオ収入などを含めた副収入の利権まで全部契約するのが普通ですが、日本国内ではほとんど聞いたことがありません。

現在、映画1本1億円取れる俳優の人というのは日本にはいません。そういう意味では映画だけでは食っていけないでしょう。1本のギャラが5000万円だとしても、5年に1本だとしたら、とてもスタッフまで食わせていくことはできません。

そうすると、どのプロダクションでも利益率の高いテレビCMを取りにいくのが当たり前になります。そのためにタレントはいいお母さんだとか家庭的なパパだとかキャラクター作りをしていくので、プライベートで好きなことをやめたり、人との付き合いを変えたり、出たいテレビまでやめたりして、イメージを変えていくことをしていきます。

しかも、この席というのは限りがありますから、誰かが座っていたら、どかすしかありません。

芸能人のほとんどはやっていないと思うのですが、僕の場合、どうしてこの人はこの席にいるのかという分析をかけていきました。どうやったらこの人の代わりに、自分がここに座れるかを分析してマーケティングをして、座っていた人の影響力が弱くなってきた時にポンと入るという作業をしました。

そして、一度ここに入ったら絶対どかないぞという気概を持って、それ以外の仕事はみんな切っていくくらいのことをしたのです。

僕がCMをやっている時は、家庭的で料理もできるいいパパみたいな、いわゆる主婦の理想像みたいなキャラクターを作り込みました。

ただ、僕が他のタレントと違うのは、そこを狙っていくのであれば切らなければいけない仕事――テレビドラマで嫌がられるキャラクターをずっと続けたことです。

そもそも僕はクールな役、何か冷めた役が多く、官僚上がりの社長だったり、絶対無理だといわれるオペを顔色を変えずに完璧《かんぺき》にやり遂げてサッと立ち去るスーパー外科医だったりします。

ドラマではすごいバブリーな高層ビルに住んでいて、ワイングラスを回しながらタバコ吸って、女をソファーに押し倒すみたいな役。映画になるともっと過激で、さらにそこから人を殺すこともあります（笑）。実際は酒もタバコも一切やりませんが。

バラエティに出ると、ほとんどしゃべらないで、きついけど正論をぼそっと言うような、嫌がられるキャラクターをやってきました。そんなキャラクターなのに、CMだとガラリと変わり、すごくいい人を演じます。

それでもCMが入ったので、そこは少し特異だったのかもしれません。

お金になるだけの仕事を続けていていいのか？

テレビタレントとしては、自分の意志に反することまでしてCMを取っていかなければいけませんが、CMのスポンサーというのは自分が選べるわけではありませんし、残念ながら自分が全面的にいいと思う商品を宣伝するとは限りません。

自分の価値観とは違いがあっても、お金のために笑って「いいね！」をしなければいけないわけです。

僕は家庭用品のCMがけっこう多くて、10本ぐらいやっていたのですが、中には発がん性物質やアレルギー物質が含まれている商品もありました。当然、普通に販売されている商品ですから、決して「危険物」ではないのですが、体質によっては肌がおかしくなったとか、アレルギーを発症したというトラブルがあるわけです。

その因果関係を証明するのは非常に難しいですし、日本では裁判に持ち込むこともほぼ無理でしょう。ただ、いくら安全といわれていても、実際に症状が出て苦しんでいる人がいるのもまた事実です。

とはいえ、テレビ局の大きなCMスポンサーの商品である以上は、表立って批判するわけにはいきません。実際、テレビ番組では「トラブルのことには触れないでください」とか、イベントでは「その話が出るかもしれませんがスルーしてください」と指示されます。

それでも若い頃は、CMに出ていればテレビでの露出も増えて、それで話題になるしお金にもなるので、当然ながら仕事は仕事と割り切ってやっていました。

しかし、ある程度年齢を重ねて、自分自身に子どもが生まれたりすると、「やっていいのかな?」と考えるようになりました。実際、ウチの子もアトピーや小児ぜんそくがひどかったので、僕がそうした商品の宣伝をするということは、僕が問題のある商品を広めている張本人であるということに気がついたのです。

中には何も考えないで、「お金になるからいいじゃん」「金だけもらっといて、自分の子どもに使わなきゃいいんだから」みたいに思ってCMに出ている人もいるでしょうが、それは自分の生き方と違うなと思いました。

40歳を境に、どんなものが入っているのかもわからない商品を、視聴者に笑顔で勧めるのは無責任極まりないと思うようになりました。

そうすると、自分で安心安全な商品を作るしかないと考え、発信も自分でしていきたいと思い、それが通販事業に結びついていったのです。

［第２章］

ゼロから始まった商品開発

僕が資格を持つ理由

僕は、まだ日本に「予防医学」という言葉がなかった25~30年ぐらい前から、海外の友達によって「自分の体は自分で守る」「病気になってから病院に行くのではなく、そもそも病院に行かずにすむ体にする。そのためには食生活が何よりも重要だ」ということに気づかされ、それを実践してきました。

それでも倒れることはありますし、寿命はわかりませんが、僕は自分自身で人体実験をずっとしてきています。

僕はもう50歳になりましたが、血液から何から調べても20代のままです。見た目もたぶん50歳には見えないはずです。つまり、これまでの人体実験は成功しているということであり、正しかったということ。もちろん、すべての人に合うとは断言できませんが、自分の経験上、たぶん正しいと思います。

僕は、こういう情報や経験を多くの人に伝えたいと思い、美容セミナーなどに呼ばれて行ったりしていました。そういう場では、参加者はだいたいが中高年の女性で、その人たちに美容や健康のことを話すのですが、かなり詳しく専門的なことを話すので、参加者のオバさまたちはポカンとしてしまいます。口を開いて、「はぁ……詳しいね、保阪くん」みたいな。僕の話のレベルについてこられないのです。

こうした活動を通して、もう一つ日本のいけない部分にも気がつきました。それは非常に権威主義が染みついているということ。

例えば、キャベツの話をするとします。キャベツというのは、それから『キャベジン』ができたぐらいで、内臓を休ませるためにはすごく良かったり、潰瘍《かいよう》を修復する作用のあるビタミンUが入っていたりと、葉物野菜の中で一番いいものです。レタスなんてほとんど栄養がないので、サラダだったらキャベツだけ食べてればいいくらい。

僕が、キャベツのことをこういうふうに言ったとします。それは、聞いている人の健康に役立つ情報ですから、そのまま聞いておけばいいのです。

「何か芸能人が面白そうなことを言っているから、じゃあキャベツのこと調べよう」とか、「キャベツ食べてみよう」と思ってくれればそれでいいわけです。

それなのに、「え？　芸能人じゃん。キャベツのこと言ってるけど、八百屋じゃないし、学者や医者でもないじゃない」と、それだけで僕の話を受け付けない人も中にはいます。

これはすごくもったいないなと思います。

僕がフードアナリストや野菜ソムリエなどといった資格を持っているのは、言いたいがため、権威付けのためです。

こうした資格があると、芸能人がただしゃべっているのと違って裏付けがあると見られますし、説得力も変わってくるはずです。

パレオダイエット

食生活でいうと、僕はいま、原始時代にあったものしか食べない「パレオダイエット」を実践しています。健康的に痩せられることから、ハリウッドスターをはじめ、トップアスリートも取り入れています。

これは、原始時代に自然に入手できなかったであろう穀物やマメ類、乳製品、イモ類のほか、食塩、砂糖、加工油などの人工物は原則的には避ける食事法です。

肉は、本当ならイノシシなどがいいでしょうが入手が難しいので牛肉。魚は近海魚。遠洋のマグロや金目鯛なんか食べていないはずです。野菜は、昔からあったであろうケールか、その代用でキャベツのほか、ネギ類やサツマイモです。ジャガイモはいけません。

その一段階前にあるのが、糖質を抜いて、脂質とタンパク質で体を動かすという、要は野生動物に近い生き方です。

もともと我われ人類というのは肉食というか雑食動物で、アブラ（脂質）で動いていました。しかし、現代人は糖質で動く生き物に変わってしまっています。農耕社会になったり近代化したことで、カロリーの高い炭水化物（糖質）が容易に手に入るようになり、糖質で動くように変わってきたのです。

糖を取ると簡単にエネルギーが吸収できるので、脳としては楽です。ただ、糖質は炎症を起こしやすいので、ガンなどが増えてきている一因となっています。

そのため、今は「オメガ3脂肪酸」に代表される質のいいアブラを摂取することが世界的にも注目されています。

こうしたことから、いま僕は砂糖や炭水化物は一切摂取していません。

日本でもやっと最近いわれるようになってきましたが、怖いのは「血糖値スパイク（食後高血糖）」。食事を食べた直後の短時間にだけ血糖値が急上昇し、やがてまた正常値に戻るため、「空腹時の血糖値」を調べる通常の健康診断ではなかなか見つかりません。これは、食後だけ血液中を流れる糖分の量が跳ね上がり、一瞬だけ糖尿病になるようなものです。
これに気がつかずに放置すると、体内の大事な血管が傷つけられ、脳梗塞《こうそく》や心筋梗塞などによる突然死のリスクが高まるほか、ガンや認知症を招いてしまうといいます。

食事でご飯を食べる、特に甘いものを食べると血糖値が急上昇しても、すい臓から「インスリン」というホルモンが分泌されて、血糖値は落ちてきます。この調節がうまくいかなくて、血糖値が急上昇した時に脳や心臓の血管が破裂したり止まったりしてしまうのが血糖値スパイクです。これをなくそうという食生活が今の傾向です。

今アメリカのエリート層などがやっているのは、血糖値が下がったからといってお腹が減らないような体を作っていく食事法です。糖質はほとんど摂らない方向に向かっていきます。

また、血液中の脂質の一つであるコレステロールというのは自分で作るので、脂肪を摂ってもコレステロールにならないということがわかりました。つまり、お米やパンなどを食べず、肉と野菜だけで十分。脳のためには運動もとても必要です。

これからは日本人も、こうした世界的な流れを早く取り入れて健康維持することが求められているのではないでしょうか。

炭水化物が多過ぎる現代の食事

過剰に糖分を摂取して血糖値を上げてしまうと、体の炎症をすごく激化させます。アトピーの子には当然、砂糖はダメですし、糖質を断つということがすごく大事です。とはいえ、ゼロにはできないので、少しでも減らすという意識づけが必要となります。

少し前までは、「脳はブドウ糖だけで動いている」と思われていて、「朝ご飯を食べる時間がないなら、せめて脳を動かす糖分だけでも摂取したほうがいいから、チョコレートを食べよう」といっていたのですが、これはウソです。そんなことをしていると、内臓がどんどん老化していってしまいます。

糖分を取ると簡単に吸収できるので、脳としては楽です。しかし、本来なら肉や魚などいろいろなタンパク質を内臓で分解して、それを脳にあげなければいけない仕組みになっています。ただ、それには一手間かかるので、栄養がすぐにでも欲しい脳としては「甘いもの食べろ」という指令を出すのです。脳は血糖値がバンバン上がっていれば満足します。

先述したように、我われ人間も動物なので、本来は脂質性で、糖質性で動いていませんでしたが、文明の発達とともに世の中が豊かになるにしたがって、だんだん糖質で動くように変わってしまったのです。

いま、これを脂質に戻そうという流れが世界中で来ていて、それで「肉ブーム」が起きているわけです。

現在の日本人にはタンパク質が不足しています。本来だったらタンパク質が8、食物繊維が1、そして糖質も1でいいといわれているのですが、これが日本の場合、逆転して糖質が8になっています。これはでガンが増えるのも当然です。

とはいえ、バランスとしてどうしても糖質は必要ですし、糖質ゼロの食事を目指していてもゼロにはなりません。

例えば、カボチャなどは栄養価が非常に高くていいのですが、食べると糖質は避けられません。イモ類で食べていいのはサツマイモくらいです。

ちなみに、日本でも一般的なジャガイモというのは、もともと人間の食べ物ではないので、原始食でも食べません。ジャガイモに関しては、これだけ腰の重い日本政府でさえ、高温（120℃以上）で長時間加熱することで発がん性が疑われるアクリルアミドを生じると発表したくらいです（農林水産省「食品中のアクリルアミドを低減するための指針」

２０１３年11月）。フライドポテトなんて猛毒です。

サツマイモであれば繊維質も多いですし、ポリフェノールも多く含まれていて体にすごくいいものです。サツマイモやカボチャはビタミンEが豊富に含まれているので、ガンを防ぐためには必要ですが、どうしても糖質が入ってきてしまうのが難点です。

僕自身は、目に見える糖質はなるべく摂らないようにしているので、お米は一切食べません。このように、自分自身でずっと人体実験してきたことを伝えたいのですが、どうしても話が難しくなるので、誰もついてこられなくなったら意味がありません。そこで、自分が納得できる商品を作り、それを説明してあげるのが一番だと思いました。

それが、通販事業「保阪流」を始めたきっかけでもあります。

「保阪流」では、基本的には内臓を元気にしていくというアプローチをしていっています。「内臓に負担を掛けない」というのが、予防医学の考えです。

世界のデキるビジネスマンは糖質を摂らない

何のために健康維持が必要か――それは、「倒れたら終わり」だからです。

社会や家庭に属している上で、あるいはビジネスをする上での責任として、自分が倒れないような体調管理、健康管理していくことは重要です。自分の食欲や欲望だけで何でも簡単に食べないというコントロールができないような人は、特にビジネスマンとしては失格だという時代が来ています。

このベースとなるのが食生活による体作りです。

僕が海外で会うビジネスマン、エリートたちは、バリバリ働いている人ほど食事とトレーニングには細心の注意を払い、続けています。それしか体を維持できないことを知っているからです。

僕は糖分は摂らないといいましたが、白米というのはお茶わん1杯で角砂糖22個分の糖質です。もちろん、他の栄養もあることはありますが、白米に精製した場合はほとんど残っていません。

ご飯を食べる、麺を食べる、パンを食べるというのは、「デザートだと思ってください」というのが今の医学。最後にケーキを食べるのと一緒の扱いです。ご飯でお腹を満たすという発想すらもうありません。

たしかに美味しいですよ。炊き立ての白米なんてすごくいい香りで。それだけで美味しいはずです、糖質ですから。

TKG（卵かけご飯）とかカツ丼、美味しいですよ。チャーハンも美味しいと思いますが、完全に糖と塩ですから。体に害のあるものしかないし、栄養なんかありません。長生きしたいと思っている人は、そういう分析をして、食べないのです。

そこで、美味しいからといって食べるのか食べないのか――これは本当にビジネスにも反映すると思います。

栄養も結果も考えずに、ただ美味しいということで食べてしまうことは、ビジネスで「それをやると楽だから」「金になるから」という理由で動くのと同じ欲求です。その欲望や欲求を抑えるところにビジネスの真の成功があるはずです。

炭水化物を食べないといっても、週に1回2回抜くということでは意味がありません。ずっと継続することで成果が出ます。そもそも、食事やトレーニングといった自分で決められることの一つもコントロールできないのであれば、高度なビジネスはできません。

どんなビジネスでもそうですけど、絶対的に一人ではできないので、誰かが絡む、モノが絡む、利害関係なども絡みます。自分のこともしっかりコントロールして継続できないのだったら、他人をコントロールなんかできるはずもありません。

ビジネスというのは、ある意味、自分に賛同してもらえなかったら成立しないものです。自分の管理もできず、欲望のおもむくままに行動するような相手では、誰もビジネスパートナーになりたいとは思いません。

自分に負荷をかけて、自分をしっかりコントロールできてこそ、人をコントロールできるのです。

我われ人間は「アブラ」で動いている

人間というのは、寝ている間に消化活動をしています。消化のために血液が内臓に集中しますから、脳がスイッチを切ります。何か食べると眠くなるというのは動物のメカニズムとしては当然です。

自分は寝ていても内臓は動いています。そのため、内臓がどんどん老化していくわけです。予防医学の考え方としては、内臓を休めましょうというアプローチをするのですが、夜の食事を抜くというのは、なかなかハードルが高いことです。

また、寝ている間にエネルギーやミネラルを使ってしまうので、朝起きると脱水状態になっています。

朝というのは「排泄《はいせつ》の時間」といわれています。要は寝ている間もエネルギーを使って内臓を動かして消化して、搾り取った残りのカスを――おしっこも含めて、出す時間なのです。

そのため、寝ている間も動いていた内臓に負担を掛けないという意味で、朝はサプリメントがいいと思います。その人の体調や症状に合わせて、サプリメントの内容は変わっていくのですが、アブラ類は多めに摂取するべきです。

先ほども触れた「オメガ3脂肪酸」が良くて、植物性の代表的なものが「フラックスオイル」――いわゆる亜麻仁《あまに》油です。動物性のオメガ3では「クリルオイル」。クリルというのは南極海に棲《す》むオキアミのこと。クジラはこれを食べているから長時間移動ができて、寒さに強く長寿だといわれています。

それから、青魚に含まれているDHAやEPAと呼ばれる脂質も必要です。人間はアブラで動いています。オメガ3は体をさびさせません。

ここで簡単にアブラを整理しましょう。食べるアブラは大きく四つのグループに分けることができます。

①飽和脂肪酸：バターやラード、チーズのほか、牛肉など肉類全般に含まれるアブラ
②オメガ9：オリーブオイルや菜種油、豚肉・鶏肉などに多いアブラ
③オメガ6：トウモロコシや大豆、コーンなど植物性のアブラの多くが含まれる
④オメガ3：エゴマ油やアマニ油も含まれ、魚に多いアブラ

　これらのうち、①と②は体の中でつくれるアブラで、③と④は体の中でつくれないアブラです。つまり、オメガ3とオメガ6は摂取しないとどんどん不足していくのです。ただ、③のオメガ6は調理や加工食品などにたくさん使われているので、逆に過剰摂取気味です。圧倒的に不足しているのは④のオメガ3です。

　オメガ3は熱に弱いという性質があるので、フラックスオイルをそのまま飲むか、サプリメントで摂取するのがいいです。

　また、我われ人間の食生活では、食物の消化と吸収に重要な役割を果たす胆汁が胆のうの中で固まり、胆石となることが多々あります。胆石ができると、さまざまな病気を引き起こす上、ヘタをすると胆のうが破裂してしまう恐れが出てきます。

胆石をつくらないようにするためには、「レシチン」というアブラが最も必要だといわれています。レシチンは大豆や卵黄から取れるアブラです。

筋肉をつくるタンパク質も必須

アブラ類をしっかり摂ったら、あと必要となるのはビタミン類です。C、B、E、Dという組み合わせで摂らないと栄養素を吸収できないので、バランスが重要です。肌や髪のことを考えると、だいたい20種類ぐらいになります。

食生活だけでこれほどのアブラやビタミンを摂るのはほぼ不可能です。1日20食ぐらいしなければいけなくなるでしょう。しかも、本当にいい成分を選んで摂取していくと、朝のサプリメントだけでも月に10万円ぐらいは使います。

しかし、これを食事で摂ろうと思ったら、たぶん200〜300万円かかります。そもそも内臓への負担が恐ろしいことになってしまうので、毎日摂るのは不可能です。

それから、日本がちょっと遅れているのは、プロテイン――いわゆるタンパク質の重要性に気がついていない点です。

日本人は、プロテインを飲めば筋肉がついてマッチョな体になると思って、スポーツ選手が飲むものとだけ考えていますが、実際にはマッチョになることはありません。

実はいま世界中でタンパク質が不足しています。現代人は筋肉量が少なくなっていることがわかっているので、世界中でプロテインを取り合っている状況なのです。

ただ、アメリカや日本などで作っている乳由来のプロテインというのは、グラスフェッド（牧草で飼育された）ではない牛――牛が本来食べる牧草ではなく、肉や穀物を食わして大きくした牛――の乳を使っている可能性があるので注意が必要です。そうした牛の乳には、当然ながらホルモン剤や添加物が入っていて体には良くありません。

本来、草食動物の牛に肉や穀物を与えて巨体化させようとしたことで、狂牛病が起こったといわれています。ヨーロッパでは牛に穀物を食べさせてはいけないという基準がある国もあるので、ヨーロッパにはグラスフェッドの牛はけっこういます。ただ、ヨーロッパはチェルノブイリの原発事故で放射能に汚染されている可能性があるので、敬遠されています。一番いいのは、管理された牧草だけを食べて育ったニュージーランドやオーストラリアの牛乳から作るホエイプロテイン。いまそれが、まるで先物取引のように毎月どんどん高騰していて、世界中で取り合いの様相を呈しています。

それに気づいてないのは、本当に日本の一般人ぐらい。日本でも僕らのように健康産業に関わっているると、「うわ、また上がった！」とその動向を注目しています。

たぶん、このままだと日本は取り残されます。いま僕は、どうやって日本の分を確保しようかなと考えています。

気がついたら、本物のオーガニックが世界中から、いや地球上からなくなっているということも今後起こってくるでしょう。いろいろな情報に耳を傾け、地球の反対側から来た値段が安いだけの肉などに手を出さないで、健康を維持してほしいと願っています。

僕の朝はサプリメント20～30粒から始まる

実際、僕は毎朝サプリメントを20～30粒飲みます。先ほど触れたアブラやビタミン類など、体調によっていろいろなものを組み合わせています。それに青汁。

こういうことをテレビなどで言うと、いまだに「そんなもん飲んでて平気なの？」と言われます。「いや、究極でしょ！」と言い返しますが、意識の低さに驚いてしまいます。

もちろん、本当は食べ物で摂りたいわけです。しょせん補助食品、サプリメントというのは栄養素だけしか入っていないので、美味しいわけでもありませんから。

食べ物に僕の求める栄養素が入っていればいいのですが、大した栄養もないですし、農薬も使われています。それだったらサプリのほうがいいと思っているのですが、「そんなんで大丈夫?」などと言われることが多いのが実情です。

お昼は、だいたいトレーニングしたり、ミーティングに出たりしているので、その場にいた人たちと肉を食べに行きます。肉と野菜だけです。

どこで食べるかというと、レアで食べられるような肉を出す店しか行きません。今は肉が流行っているので、どこでもお肉のランチを食べられるようになったこともあり、便利になりました。

筋肉のために肉(タンパク質)を摂るのですが、手っ取り早いのが牛肉なので、どうしても牛肉が多くなってしまいます。魚を除いて、筋肉のためだけを考えて陸上の動物で順番をつけると、一番は鶏。次に豚、そして牛となります。

動物性脂質はたくさん摂っても問題ありません。豚はちょっと脂があるからと敬遠する人がいますが、全然これは食べていいものです。

ただし——日本の場合、鶏肉はホルモン剤が多量に使用されている場合がありますので、お店は選ばないといけません。

それから、タマゴは1日に6個ぐらい食べます。かつてタマゴはコレステロールが高いので控えるようにいわれてましたが、現在ではタマゴは〝完全食〟といわれています。

先ほども触れましたが、タマゴの黄身の中にレシチンという肝臓などを助ける成分がたくさん入っているので積極的に摂っています。

昔、映画『ロッキー』でやっていたみたいに、本当だったら生で飲むのがいいのですが、僕は気持ち悪くなってできないので、火を通して食べています。

野菜の葉物を摂るならキャベツ。先述のようにレタスと、それからハクサイにはほとんど栄養価はありません。その他はブロッコリーにタマネギ。

ネギ類には「セレン」というミネラルが含まれていて、これは体内に入った重金属を出す役目をしてくれます。

水銀やカドミウム、鉛、ヒ素など、重金属の名前を出しただけでその恐ろしさが伝わると思いますが、微量でも湿疹やアレルギー、慢性的な体の不調などの原因になる可能性があります。

いくら食生活や健康に気を遣っていても、大気や飲料水、食品などを通して重金属が体の中に入ってくることは避け切れません。そこで、少しでも重金属を体内から排出させるために、とにかくネギ類はたくさん摂っています。

肉の代わりに魚になったりしますが、魚もなるべくお刺し身で食べるようにしています。ランチだったら、野菜がいっぱいあるビュッフェのお店などもよく行きます。

それから、よく食べるのは韓国料理。サムギョプサルなど肉の質がしっかりしていて、野菜もハーブを使い、葉物は食べ放題といったいいお店もあります。また、韓国の料理は、日本食よりも発酵食品を使うので、体にいいものが多いです。ただし、キムチなどは旨み調味料や砂糖をたくさん使った中国産のものが多く流通しているので、それには気をつけないといけません。

夜も、昼とあまり変わらず肉ベースで野菜も食べます。自宅で作って食べることもあります。食生活は、本当にこの繰り返しです。

肉はなるべく焼かずにレアがいい

肉はなるべく焼かないもの、レアのほうが体にはいいです。ただ、2011年に「牛ユッケ集団食中毒事件」が起こったことで、この日本という国ではユッケが食べられなくなってしまいました。そういう意味では、生食はなかなか難しくなっています。

この事件は、質の悪い肉を管理の悪い店で生で食べたのが問題でした。変なお店が利益追求のためだけに死人を出すようなことまでやらかすから、しっかりやっているお店にも規制がかかってしまって、迷惑そのものです。

実際、日本ほど安全に肉を食べられる国はありません。日本では、本来なら豚肉も鶏肉も生で食べられる国ですから。逆に薬漬けだから食べられるという恐れもありますが、しっかりと餌も管理して健康的に育てられていれば、肉類は生でいけます。

例えば、ちゃんとした養鶏場から買ってきた肉を使う焼鳥屋の場合、焼き色が付いているのは表面だけで、中はレアのままということがあると思います。もちろん、それでも問題ありません。

勘違いしている人も多いのですが、肉というのは基本的に表面に悪い菌がいっぱい付着しているだけで、中に菌がいるわけではありません。つまり、表面だけ焼けば基本的には菌は全部死んでしまうわけです。そのシステムすら知らず、中までカチカチに火を通さないと気持ち悪いという人もいますが、健康という面からはお勧めできません。

もし、食肉の中に悪い菌がいるというのであれば、我われの体の中の肉の内側にも菌がいるということ。それでは僕たちは死んでしまいます。

あくまで菌が付くのは外側、それすら理解してない人も多いようです。肉を焼く行為というのは、外に付いた菌を焼いて殺しているだけ。菌が少ないのだったら、そのまま食べてもいいわけです。

今では、お米などから作ったアルコールをかけて、ブドウ球菌や食中毒になるようなほとんどの菌を全部殺している食品はいっぱい出ています。

『保阪流』で〝一歩〟進んでもらう

僕は、自分が長年続けてきた予防医学の知識や経験、情報を幅広く知ってもらい、皆さんにも健康な生涯を送ってほしいという思いから、２００７年に会社を設立し、健康・食品関連の商品を扱う『保阪流』というブランドを立ち上げました。

これまで述べてきたような体にいい話を、いくらメディアでしゃべっていても、90％以上が野次馬なので、重要な情報でも右から左に流れて行ってしまいます。

ラジオやテレビの放送というのは、録音、録画はできますけど、基本的にはその瞬間で流れてしまうもの。そうすると、いくらいいことを言っても視聴者の心の中に残らず、何も変えることができません。

そこで、きちんとした「モノ」を作れば、形として残っていくので、モノを作ろうと思い立ちました。この本だって、形として残るのがいいところです。

モノを作ると、「芸能人の保阪がね、これ作って売ってて、この中に何とかっていうビタミン、何だっけ、忘れちゃったけど、ビタミン入ってて、いいみたいよ、痩せるみたいよ」と、一歩進むわけです。知識はついていなくても、僕の提案した健康法を実践してくれる可能性が出てきます。

これがすごく大事だなと思いました。そこで、健康に特化したモノを作って、自分の知識をオンエアの時にしゃべっていく通販のスタイルにつながっていくわけです。

最初に『保阪流』でモノを作ろうとした時、健康問題に関して、この日本という国で何が一番問題であるか考えました。

パッと浮かんだのが「トランス脂肪酸」。マーガリンやショートニングに含まれているアブラです。日本では規制が行われていません。アメリカやヨーロッパ諸国では食品中のトランス脂肪酸の含有量が規制されたり、使用そのものを禁止しているところもあります。お隣の中国や韓国もトランス脂肪酸の表示を義務化していますが、日本では食品メーカーの自主的な努力に任せています。

農林水産省によるホームページ「すぐにわかるトランス脂肪酸」には、「トランス脂肪酸をとる量が多いと、血液中の脂質の一種であるＬＤＬコレステロール（いわゆる悪玉コレステロール）が増えて、一方、ＨＤＬコレステロール（いわゆる善玉コレステロール）が減ることが報告されています。日常的にトランス脂肪酸を多くとりすぎている場合には、少ない場合と比較して心臓病のリスクが高まることが示されています」、「トランス脂肪酸を日常的にとりすぎた場合には生活習慣病になるリスクが高くなります」と明記されているくらいです。

では、なぜ日本では何の規制もされないのか？　同ＨＰによると、「日本人の大多数が（中略）健康への影響を評価できるレベルを下回っていることから、通常の食生活では健康への影響は小さいと考えられる」とされており、要は「体に悪い物質であることは認めるけど、欧米に比べて摂取量が少ないからＯＫ」という立場です。

でも、僕は摂取量の問題ではないと考えています。マーガリンを庭先に置けば、人間の食べ物の味を覚えたカラスなどは食べてしまいますが、普通の動物は食べません。本来、食べてはいけないものなのです。

また、面白いことに、先の農水省の記事では、トランス脂肪酸の話なのに「日本人において、一番の問題と考えられているのは、食塩のとりすぎです」と話をすり替え、「トランス脂肪酸だけではなく、飽和脂肪酸などを含めた脂質のとりすぎ、食塩のとりすぎにも十分に注意してください」と、トランス脂肪酸は危険ではないという印象すら与えかねない記述をしています。

実は、トランス脂肪酸フリーのマーガリンというのも存在していて、ニュージーランドで作られています。

実際に輸入して、「保阪尚希」の名前を使って一般流通で全国に並べようと思ったのですが、検討しているうちに国内でも多くのメーカーがひしめく中に割って入るのは現実的ではないことがわかり、この計画はとん挫してしまいました。

同じ頃に牛乳を扱うことも考えていました。僕は19歳の時にニューヨークに少しだけ暮らしていたのですが、すでに30年前から牛乳のパックにドクロマークがついていて驚きました。

「これはホルモン剤や添加物が入っているから危ないですよ。でも、皆さんが買って飲むのは自由ですよ」という意味です。

しかし、牛乳も高すぎる関税など、越えなければならないハードルが多く、販売までこぎつけることがかないませんでした。

日本にもホルモン剤を使わず、牧草だけで牛を育てて牛乳や肉を作っている畜農家もいらっしゃいますが、量販できる規模ではないのが実情です。

小麦アレルギーでも食べられるパン

さて、マーガリンがダメで、牛乳もダメで、次にやったのが、小麦アレルギーでも食べられるパン。これが結果的に『保阪流』の最初の商品となりました。

今、赤ちゃんの10人に1人が食物アレルギーだといわれています。さらに、小学生の5人に1人が小麦アレルギーだそうです。

小麦は、卵、牛乳とともに「三大アレルゲン」とも呼ばれ、食物アレルギーの主な原因となる食物です。

米、トウモロコシと並んで「世界三大穀物」にも数えられる小麦は、パンをはじめパスタ、ピザ、中華麺などの麺類といった主食から、餃子や焼売の皮、カレールウ、お菓子類、お麩、調味料など、さまざまな加工食品に使われています。

日本でも昔からうどんやすいとん、饅頭など、小麦を使った食べ物は存在していました。しかし、一般的に日本人が小麦を普通に食べるようになったのは敗戦後、パン主体の学校給食が始まってからです。

僕はまだ生まれていない頃の話ですが、先輩の人たちの話を聞くと、子どもの頃、給食にパンが初めて出た時に、大々的にマスコミが「パンは美味しいぞ。食え食え！」と報道したといいます。食生活を西洋化させる大キャンペーンだったのでしょう。

ただ、給食で主食の座についていたコッペパンが美味しかったのかというと、それは微妙でした。そもそも、ベチャベチャした米を食べていた民族としては、あのバサバサしたパンは美味しいとは思えないはずです。

実は、地球上の人類、人種の中で唾液が少ないのが日本人。そのため、一般的にベチャベチャしたものが好きなのです。

逆に、唾液がいっぱい出るヨーロッパの人たちからすると、「日本の米なんてベチャベチヤしてまずい、食べられない」といいます。ジャポニカ米よりはインディカ米みたいにバサバサしたお米のほうが美味しいと感じるようです。

しかし、日本人に小麦を売りたいアメリカとしては、小麦をパンに加工して売ろうとしましたが、大人は食べたことがないから食べないし、そもそも日本人の口には合いません。

そこで、給食としてまずは子どもたちに毎日食べさせて、子どもにパン食を刷り込みました。子どもが毎日パンを食べるようになると、親とスーパーに行ったら「パン買って〜」と言うようになり、親も食べるようになって、そのうちに慣れてきます。そのため学校給食として、脱脂粉乳とセットで子どもから攻めたのです。

戦後、食生活の欧米化から小麦アレルギーが始まったといってもいいでしょう。

開発に3年かけた玄米粉入りパン

どうして世の中にこれほど小麦製品があるのかというと、小麦は安価で加工が簡単、保存も利くので、企業としてはすごく便利な原材料だからです。利益ばかりを追求する企業というのは、安く作って高く売れるのが一番で、消費者の体のことは二の次です。

現在は小麦製品が多過ぎて、小麦が食べられなくなったらどうやって生活するのだろうと絶望的な気持ちになってしまう方もいるでしょう。実際、僕が砂糖や炭水化物を一切食べないというと、「砂糖もご飯も抜いて、どうやって生きていけるんだろう?」と想像がつかない人がいますが、不可能ではありません。

そうはいっても、子どもがお菓子も麺類も食べられないとなると、親は困るでしょうし、子どももかわいそうです。

僕の周りにも小麦アレルギーの子どもを持った親がいっぱいいて、「小麦アレルギーの子でも食べられるパンって作れないのかな?」という声を聞いていました。

それで、そうした原材料を探してみたら、日本にあったのです。第三機関のチェックも終わっていました。

それは、玄米をナノ化して微細な粉にして、ある比率で小麦に混ぜたもの。それをパンにすると、人間の体の仕組みとして、米のほうに反応し、小麦には反応しないのです。

現在、健康やダイエットのために「食べる順番」が大事だといわれているのはご存知かと思います。一般的には、野菜を先に食べて、野菜を消化したぐらいから肉類か魚、つまりタンパク質を摂って、最後に米――糖分を食べなさいという考えです。

理由は簡単で、なるべく糖分を吸収させないためです。最新医学では、お米や炭水化物などの糖分を食べてしまった時は、すぐ運動をしなさいといわれています。

最初に食べる野菜、これにはあまり栄養はないですし、ビタミンもそれほど期待できません。では、なぜ食べるのか？　そう、食物繊維のために食べているのです。どんなに熱を加えても、食物繊維は絶対に残ります。

食物繊維が何をするかというと、腸に膜を張って、次からの食べ物を吸収しにくくします。次に肉などのタンパク質を比較的早めに入れて、吸収したい栄養は吸収しておいて、もう吸収できないようになったところで糖分を入れます。そうすると糖分は吸収されずスルーされるという考えです。

そういう意味では、食べる順番さえうまくやれば、食べたものを吸収しない可能性もすごく高くなります。

ナノ化した玄米と小麦粉を混ぜたパンも同様で、先に玄米が体に吸収されることで、小麦アレルギーでもアレルゲン物質をスルーできるのです。

ただ、１００％安全とは言い切れないですし、食べてから何かあったら大変なので、「小麦アレルギーの子でも食べていいですよ」とは言っていません。

パンという炭水化物をどうせ食べるのだったら、食物繊維も同時にいっぱい食べてもらいたいと思い、食物繊維もバンバン入れました。

これが「保阪流」で最初に売った商品なのですが、当然ながら全部売り切れました。それを作るまでに3年くらいかけていますが、やはりマーケティングがすごく大事だなと思いました。

調理器具にたどりついた背景

本当は一発目の商品はサプリメントをやりたかったのですが、芸能人がいきなり通販会社を立ち上げて、サプリメントを売り始めたらいかがわしいと思ってやめました。

役者をやっていた人間が、数年ちょっと影を潜めたかと思っていたら、突然また出てきてサプリメントを売り出したらヤバいですよね。これほどいかがわしいことはありません。

ゆえに芸能人は、サプリメントと宝石の販売は手を出してはいけないと思っています。

せっかくいい商品を開発しても、伝わらないどころか疑われてしまうのはもったいないと感じました。

そこで、食品の中でも一番わかりやすいと思ったパンをターゲットにしたのです。今の時代、マーケットが熟成しているのかどうかという判断は非常に重要です。

結局、最初にパンを出しましたが、ウチのパンだけをずっと食べ続けるわけにもいかないし、しかも、僕が「食べるな」と主張している炭水化物です。

健康的なものを食べてもらうためには、加工品ではなく、やはり消費者自身に作ってもらわなければいけないなと思って、やがて電子レンジ用の調理器具にたどりつくことになります。

そこにたどり着くまでにはフライパンや鍋など、いろいろ試行錯誤していました。ちょうどその頃、フランス生まれのシリコンスチーマーが流行り始めていて、本屋さんでもいろいろなレシピが出されていてヒットしていました。ただ、たしかにフランスの会社の製品だったのですが、生産は100%中国です。

後で触れますが、僕は一時アパレルもやっていたので、実際に中国の工場もいろいろ行ったことがあります。そのため、残念ながら品質的にやはりちょっと信用できないという思いもありました。しかも、口に入れるものを作るための商品をそこで生産するのは抵抗がありました。

こうした理由もあって、どうせやるならメイド・イン・ジャパンにこだわって、最高品質のものを作ろうと思い、後に『ラ・クッカー』となる電子レンジ用スチームポットの開発を始めました。

作ってもらっているのは、コンビニのおでんのカップやカップ麺の容器を独占的に作っているメーカーです。

型も日本人にすべて手作りしてもらいましたから、型代もすごく高くなりました。「これ、中国製でしょ?」と思われるようなものでも日本で全部作って、「保阪流」を通して日本の文化を伝えたいという思いもあります。

僕の持っている健康に関する情報を出していきたいという思いに加えて、日本人が知らない日本の文化を日本人に伝えたいという思いも実は裏にあって、なるべく日本製にこだわっています。

日本の文化、伝統にも触れてほしい

日本で作れる工場がないような場合は、どうしても中国で作るしかありません。例えば、

『ぱすたパン』というパスタ調理もできるフライパンがあるのですが、工場がなくて日本では作っていません。しかし、デザインも型も全部日本で作り、日本人がいる工場で日本人に監督させて作っています。

そこまでやると中国でもいいものができてきますが、それでも品質は日本製には及びません。そういう意味では、そのこだわりと伝えたいものというのがはっきりしているので、ブレずに商品開発ができます。

よくネットなどで売られている電子レンジのスチーマーというのは、材質がポリプロピレンなので中国で作ったら安いものです。下手したら利益が倍、いやそれ以上儲かるかもしれませんが、僕は基本的にやりません。

また、「保阪流」では『匠包丁』という料理包丁を開発して販売しています。

たぶん日本で一番売れた包丁というのは、持ち手の部分まで全部ステンレス一体型の商品だと思います。これはもともと日本発信だったのですが、今は中国で生産するようになりました。

実は、この包丁と100円ショップで売っているような包丁は、同じステンレスを使っているといわれています。日本の包丁というのは、いまやほとんどが中国製です。

ただし、刀の形状や切り方というのは、その国その国で違うものです。日本の刀と中国の刀、韓国の刀、台湾の刀、琉球民族の刀、ヨーロッパの刀、全部違います。食文化にもその刀が影響してくるから、包丁の形が違うわけです。そのため、日本の文化や伝統を伝えるためには、日本で作るべきだと思いました。

ウチの「匠包丁」は全部日本製です。高い鍛冶技術で知られる新潟県の燕三条で職人さんにたたいてもらっているので、原価がものすごく高いです。

刃身にはモリブデンという、外科のメスで使う素材を使っています。本来だったら3万円取らなければ元が取れないくらいなのですが、『保阪流』では1万円を切る値段で売っています。同じ工場で作っている包丁は実際に3万円で売っていますが。

本当だったら利益を取りにいきたいところですが、日本で包丁がこういうところで、すごい技術で作られているということを知ってほしいので、安く売っています。

こんなことを考えながら、商品開発しています。

［第3章］

「絶対に売れる」自信をもつためのこだわり

モノを売るためには「わかりやすさ」が一番

僕は健康について勉強をしてきて、知識もあるので、一般的に求められるよりも高いクオリティのものを作ろうと思っています。ただ、いいものを追求して作っていると、ついつい熱意も情熱も入ってしまい、結果としてあまりにも専門的になってしまう傾向もありました。

やはり、ごく一般的な人に買ってもらうためには、わかりやすさが非常に大切です。これは、芸能生活で学んだことでもあります。

例えば演技でいうと、目の角度や瞬きのスピード、声のトーン、唾を飲むタイミング……などを駆使して、非常に微妙で細かい心理描写ができるものです。ですが、テレビを見ている人に、それが伝わるかといったら微妙です。そのため僕は、子どもからおじいちゃん、おばあちゃんまでわかる芝居というものを心掛けていました。

こうしたことは、マーケット別に分けていくことも必要です。テレビドラマではそうでも、映画になったら変えていきます。見る人はお金を払ってわざわざ見に来ていますし、映るスクリーンも大きいので、少しレベルを上げて、テレビではわからないような細かい演技を交えていったりしました。

芝居が〝商品〟だとすると、マーケットによって提供する商品を変えていくのは当然ですし、すごく大事なことだと思います。

余談になりますが、もちろん、中にはマーケットなどおかまいなしに、一つのスタイルをどこまでも貫き通す役者もいます。どこか頑固職人のようで、それはそれで感心しています。その人しかもっていないものを表現できるというのは、芸能界では大きな武器になりますから。

話を戻しましょう。要は本当にマス（大衆）に伝えたいこと、伝えたい商品があるのだったら、どこをターゲットにするかを考えて、しっかりマーケティングしていくことが非常に大切だということ。それは、芸能の世界でも今の通販業界でも同じようにリンクしているというか、同じテクニックを応用しています。

芸能生活を経ないで突然、通販業界に入ってモノを売ろうと思っても、たぶん僕はできなかったと思います。こういう風にしたら人がこういうふうに反応するとか、こういうものを求められているからこういう風にしゃべらなきゃいけないというのは、25年の間の芸能生活で身に着けてきたことでした。

「自分じゃない」と思った仕事は他人に振る

僕は、言うまでもなく男ですが、女性みたいな生活をしています。どういうことかというと、見られる職業ですから、肌のこと、体のことを気にしなければいけないですし、しゃべり方も気にしなければいけません。メイクをしたりしますし、爪のことも気にしたり、ほとんど女性と同じです。

とはいえ、例えばネイル関連、化粧品関連の商品は僕には売ることができません。すごくいい商品を見つけたり、こういうのがあればいいなと思って考えついても、男の僕がプロデュースしても売れないでしょう。

そこで僕がしなければいけないのは、「マッチメイク」です。いい商品があっても僕では売れないのであれば、誰が立ってくれたらお客さんの心にすっと入り込めるのか、お客さんたちが納得するストーリーが作れるだろうかということを考えます。これが、僕の通販コンサルティング業務です。

こういったことは、今まで芸能の世界でもやってきました。例えば、自分にオファーが来た仕事の中で、「自分ができなくはないけど、この役、俺じゃないな」と思うこともありました。

仕事をいただけるのはありがたいのですが、「この役、僕ではなくて、あそこの事務所に面白いヤツがいるから、そいつに振ってみたら?」と、昔からマッチメーカー的なことをしていました。これが通販ビジネスでも応用が利くのです。

本来だったら、僕自身がタレントですから、僕が出て商品を売るべきかもしれません。ですが、自分向きではない商品の場合は、他のタレントさんに仕事を振ります。そこに固執することは、僕はありません。

本当の目的は商品を売ることです。ただ、タレント業を生業《なりわい》としていると、どうしても自分が前に出たがります。「自分ではなく、この商品が売れなかったらお金にならない」という切り替えが、タレントというのはなかなかできないものです。

何よりも商品を「スター」にしなかったら、収益が出ません。自分がスターになる必要なんかないのです。でも、タレントさんはこれがなかなかできません。

僕は昔から仕事を他人に振っていたので、これができました。別に紹介料をもらうわけではありません。お金は1円ももらっていません。

僕は、ドラマの主役の話が来ているのに断ったり、女の子を立てたりということをやってきたことが、商品をスターにしていくというところにつながっていると思います。

僕は芸能の世界で突っ走ってきて、スター扱いされたこともありますが、それは自分の力でできたわけではなく、周りのいろいろな人が僕をスターにしてくれたのです。

今、「保阪流」でも1日に何億円も売れるような商品というのはスターですから、そういう意味では僕たちがスターを作り出しているわけです。これも、商品が勝手にスターになるものではなく、作ってもらうものだということを理解していないと、裏から支えることは難しいのではないでしょうか。

芸能界でも通販業界でもビジネスにおいては、スターを作らない限りはなかなか利益を出すことができません。

まぁでも、商品は人間と違って文句を言わないから楽ですよ（笑）。芸能プロダクションというのは大変だと思います。売れたら売れたでタレントは文句を言いますから。

よっぽど動物タレント事務所のほうが楽なはずです。ご飯をあげてかわいがってあげれば喜ぶだろうし、お金にも興味ないですから。

商品を「スター」にするための立ち位置

ビジネスにおいて「名前が邪魔する」ということがあると思います。

例えば、ジャンクで安さを売りにしているハンバーガー屋が、いきなりヘルシーで高級なハンバーガーを売ってもヒットするのは難しいと思います。一度ついたイメージはなかなか払拭《ふっしょく》できないからです。

同じように、芸能人としての名前が邪魔になることがあります。その時に引けるのか、あるいは自分がやっぱり出たいと思うのか、きちんとジャッジメントしていかなくてはなりません。あくまで自分がスターになるのではなく、商品をスターにするための立ち位置に立てるのかどうかが問われます。

もし、先ほどのハンバーガー屋がすごくヘルシーでいい商品を開発したとしたら、「ウチでは売れないから他社に商品を提供して売ってもらおう」という発想の転換ができれば利益になります。

自分でやらない分、当然ながら利益は減ります。しかし、追求するのはそこではなく、いい商品を世に出すことのほうではないでしょうか。「この商品をお客さんに届けたい」と思ったら、自分の利益が減り、他の人が儲かったとしても、出すべき商品があるなら、やっていかなければいけないことだと思います。

とはいえ、これがなかなかできません。自分のところで利益を取りたいのは当然だからです。でも、結局はうまくいかないことでしょう。

僕は『保阪流』では自分の名前を使ってビジネスしていますが、いま海外でやっている事業などでは、誰も僕をタレントとして見ているわけではありません。特に、海外の人と仕事をする場合、「保阪尚希」という名前が邪魔をしない分、自由なことができているような気がします。

『保阪流』唯一の失敗商品

『保阪流』においても、ちょっとやり過ぎて失敗したものもあります。絶対的に成功するはずの商品なのに惨敗しました。やっぱり何事も行き過ぎはいけません。

何を売ったかというと、「餃子」。通販では、冷凍の餃子というのは絶対当たる商品といわれています。なのに、ボロ負けしました。ほとんど売れなかったのです。

素材もこだわり抜いて、具となる野菜やチキン、豆腐、中に入れる油や皮までもこだわりました。皮も、普通の餃子ではあり得ないような値段の皮を作り、それこそアレルギーの子でも食べられるような餃子を作りました。もちろん、食べたら美味しいです。

餃子というのは、焼き目が香ばしくて美味しいものです。そこで、最初から焙煎《ばいせん》した粉を皮に使いました。つまり、焼く前から餃子に褐色が付いているのです。

しかし、これが失敗でした。餃子というのは、真っ白いボディにきつね色の焼き目が付いて、あのコントラストが食欲をそそるということがあるのでしょう。僕の作った餃子では焦げ目のコントラストがあまり出ないのです。残念ながら、見た目で美味しさが伝わらなかったみたいです。

でも、食べたら異常なほど美味しくて、すごく体にいいものを具材にしています。しかも、一つ一つ餃子を個別包装しました。

普通の安売りの冷凍食品の値段に意地でも対抗してやろうと思って、ほとんど利益の出ない値段設定でしたが、やるべきだと考えて発売しました。

結果的には大コケです。消費者は別にそこまでの餃子を求めていませんでした。餃子といえば安くてパッケージにいっぱい入っていて、よくわからないけど「黒豚入ってます」くらいなものでいいわけです。

「保阪流」は健康ということに特化して展開しているので、餃子も健康的なものを作ったのですが、誰も餃子を健康的に食べたいなんて思っていなかったのです。ビールに合わせて食べればウマいな、くらいで良かったわけです。

このように、リスクヘッジという意味でも、マーケティングは必要です。

ただ、リスクヘッジをかけ過ぎると一歩も動けなくなってしまいます。リスクをちゃんと考えつつ、売れなかった場合はどう動くのかということまで考えないと破産してしまいます。

もっとも、『保阪流』では常に商品開発していますし、すでに「スター」商品もあったので、餃子がコケたからといって、つぶれることはありませんでした。

頑固なスタッフに恵まれた

僕はよく『保阪流』のスタッフに、「商品の値段、あと500円とか1000円上げなよ」

と言っています。開発にどれだけの時間と費用、そして労力がかかっているのか知っていますし、卸の値段も利益のパーセンテージも知っているからです。

「1個につき、あと500円上げたら楽でしょ？　もっと儲かるし、そうしたらいい暮らしもできるでしょ」などと素直に思うわけです。

そうすると、スタッフたちは口をそろえて「いや、大丈夫です。この金額で勝負します」と言います。もう少し高くすれば儲かるのに、そこは頑固です。

「高くていいものは当たり前。安くていいものを提供したい」というプライドがあるようです。頑固過ぎて、僕が心配するぐらいです。

もともと、非常に価格を低く抑えていますから、500円くらい上げたって本当は売れるはずです。

しかし、そこは僕の金銭感覚と、消費者に近いスタッフとのいい意味での違いであって、それが500円、1000円ぐらいの差に表れるのかなという気はします。僕にしたら包丁が9900円でも1万4400円でもあまり変わらないと思いますが、スタッフはその差を非常に大切にしてくれています。

ちなみに、僕の家では犬のエサだけで月に15万円以上かかります。4匹いますから、多い時なんて30万円ぐらいかかります。スーパーで普通に売っている人間が食べる肉を生で食べてますから、ウチの犬。

だから、そういう意味では正直、金銭感覚が僕は一般とちょっと違うところがあるのでしょう。テレビなどでもさんざん言ってきましたが、親がいなくてローンが組めなかったこともあり、クルマも現金で買っていたぐらいです。

とにかく、『保阪流』のスタッフは売れる商品でも、意地でも値段を抑える性分です。ただ、開発費や原価率、人件費を考えたら結果的にきつくなるわけです。「だから言ったでしょう」と僕は思うのですが、それでも変えようとはしません。本当に頑《かたく》なです。

僕の場合はモノ作りにすごく頑固にこだわりますが、それをセールスする彼らはそういうところに頑固なのが面白いです。

商品開発のスタッフも、中途半端なサンプルを作っても僕が絶対にOKを出さないのがわかっているので、サンプルができても僕には見せません。改善の余地が完全になくなって初めて、僕のところに上がってきます。そこは阿吽《あうん》の呼吸というか、スタッフとの意思の疎通ができています。

また、『ラ・クッカー』や『ぱすたパン』などに付ける料理レシピはもちろん、食品を売る時には必ずレシピを付けて売っています。

例えば、世間で販売されているベーコンには、くん液（薬）を塗るだけで実際にくん製しなかったり（くん製の匂いを付ける香料を添加）、危ないものが多いので、とにかく天然の素材にこだわったベーコンを作ったこともあります。それこそ生で食べてもいいくらいの豚の肉を昔ながらの漬け込みをして、山形から桜のチップを持ってきてくん製にするなど、ものすごい手間ひまかけて作りました。

とはいえ、たかがベーコンです。焼けばいいだけです。ところが、それにもレシピをきちんと付けます。こういうふうに切って焼いてください、切ったあとこういうふうにしてくださいと全部レシピを作ります。レシピがあれば、間違いなく美味しく食べられるから、料理初心者からは好評です。

レシピを作る時は、僕が自宅で料理する様子を動画で撮って、スタッフにＬＩＮＥで送ります。でも僕は適当なので、調味料をいちいち計量して料理することはありません。レシピといっても、塩少々、胡椒《こしょう》少々、これ適量などといって送るだけです。

それではレシピにはなりません。そこで、もう10年来一緒にやってきている有名なフードコーディネーターが、「保阪さん、この『少々』というのは『小さじの3分の1』にしてレシピにしました」とフィードバックしてくれます。僕の料理を何度も食べさせているので、僕の完成形の味を知っているからレシピ化できるのです。そういった信頼できる仲間がいるから形になっています。

考えてみると、もっぱらＬＩＮＥ会議をやっています。アジア、ハワイぐらいまでならＬＩＮＥ、それ以外の海外でのビジネスはＦａｃｅｂｏｏｋ。重たいファイルを送る以外はメールも使いません。離れた場の人たちと会議をする場合は、Ｓｋｙｐｅで同時通話をしています。

アパレルでは「自分で欲しいもの」を制作

僕は、過去にアパレルブランドを二つ立ち上げて役員になったことがあります。まだ一つ残っていますが、もう僕は抜けたので直接的な関係はありません。

それは『ＨＯＳＵ（ホス）』というブランドで、保阪の「ホ」に、一緒に立ち上げた友達のデザイナー鈴木智博の「ス」でＨＯＳＵです。

中目黒の川沿いに何にもなく、今のようなオシャレなイメージもなかった頃、そこにアパレルで最初に出した店でした。

今もすごく売れているブランドで、デニム１本、高いのだと40万円ぐらいします。安いのでも３万円ぐらい。ちょっとダメージを入れるのもすべて手作業で、洗ってはまた入れてと、こだわり抜いた大人のカジュアルウェアを販売しています。普通、デニムというのは６工程ぐらいでできるのに、ここでは38工程かけて作っていました。

すべて国産でやっていますから、これだけ手間や人件費がかかると、こういう値段になってしまうのは仕方ありません。

そもそも、僕は洋服が好きで、例えばバブルの頃は、アルマーニのブラックの吊るしのスーツが70万円ぐらいで売っていた時代にバンバン買っていて、それ以外にはプラダやグッチしか着ていませんでした。

そのうちにだんだん着たい服がなくなってきて、自分が大して欲しくもない服にこんなに高いお金を払っていることに疑問が出てきました。

「どうせお金を出すのだったら、自分たちの着たいものだけ作りたい」という気持ちになって、生地や職人さんもこだわって作ろうということからブランド立ち上げにつながっていきます。

その頃、ジッパーというと日本製では『YKK』しかなかったのですが、プラダのスポーツウェアのブランド『プラダスポーツ』では『riri』というイタリアのかっこいいジッパーを採用していて、もうそれしか使わないで服を作ろうと思いました。YKKは日本のメーカーで当然使いやすいのですが、それよりも見た目にこだわりました。

プラダスポーツでは、ナイロンにもかかわらず防水で、しかも通気性がいい生地を使っていて、同じようなものを作りたいと思い、『デサント』に相談に行きました。

日本のスポーツウェアメーカーで知られるデサントは、実はNASAにも提供しているような最先端の生地をたくさん扱っています。当時すでにアルミが入ったナイロンのような生地をデサントが唯一持っていて、それでコートを作ったりしました。

個人的には某ハイブランド「H」がすごく好きで、そこのコートを着ていたのですが、普通のニット1枚買うのに20万円くらいするわけです。「ふざけてる!」と思って、フランスで「H」のニットを編む職人のところに直接交渉に行ったら、1枚2万円で作れるとのこと。たぶん、「H」も2万円で作っているのでしょう。この職人に作ってもらえば、ハイブランドと同品質のニットを4万円で売れると思い、扱ったこともあります。

ただ僕の場合、服好きの素人に過ぎないので、デザインができるわけではありませんから、デザイナーに「あのコートと同じようなものが欲しい」とか「この素材を使って、こういうものを作りたい」と言うだけで、あとはデザイナーに任せていました。

デザイナーというのは、要はアーティストですから、予算など気にせずに作ってしまうところがあります。資金繰りも簡単ではありません。

そんな折、ちょうど「裏原宿ブーム」も終わって、アパレル業界が大変なことになってきました。自転車操業でやっていたところは、売れれば売れるほど、大きくなればなるほど借り入れが増えて、リスクが増えていく状態となっていました。

僕は変にブームになるようなことは避けて、デザイナーをギュウギュウ締め付けながらやっていくうちに何とか軌道に乗って、利益も何億円か出るようになりました。

僕はもともと洋服屋ではないし、そのデザイナーを独立させるために作った会社でもありますから、会社を彼にあげて、アパレルは抜けたのです。

アパレルは在庫リスクとの戦い

他にも芸能人でアパレルをやっている人はたくさんいますが、ビジネスとして考えると、僕はあまりお勧めしません。何が大変かというと、在庫の管理です。

例えば、Tシャツ1枚作って売ろうとしても、S、M、L、サイズがあるので、いっぱい作らなければいけません。色だって1色だけというわけにはいかないでしょう。

アパレルの場合、怖いのは「死に線」というものを作らなければいけないところです。「売れ線」の反対語、「死に色」「売れな線」というか、絶対誰も買わないだろうなと思うような色をあえて作って、売れ線を際立たせる手法です。

売れ線が赤、オススメが黒だとしたら、あえて紫を少数作って、横に置いておくのです。

売れ線ばかり置いても売れません、面白いことに。

たぶん、いくらかっこよくても、誰もが着ている売れ線を買うのは抵抗があるのでしょう。でも、「売れな線」が横にあると、安心して売れ線を買ってくれます。しかし、そのためだけに作ったといっても過言ではない「売れな線」は在庫になってしまいます。

そのため、例えば全部で5色作り、4色が売れる色で1色が売れない構成なら、売れない1色分の製造代を4等分して、残り4色の原価にそれぞれ25％ずつ乗せていく――という計算も行います。つまり、その1色がなければ少し安くなるのですが、それがないと売れない……そこは悩ましいところです。

この1色が売れちゃえばただただラッキー。もともと残る前提で作っていますから。中には変わり者がいて、あえて「売れな線」を買う人もいるのも事実ですが。

そういう意味でアパレル関連は、全部フリーサイズというわけにはいかないこともあって数を作らなければいけないので、在庫リスクが大きいビジネスです。

まして、靴にまで手を出したらもっと大変です。靴というのは洋服以上にサイズが細かく、0・5cm単位でたくさんつくらなければいけません。大変ですよ、靴は。

洋服や靴など、かっこよさや新しいファッションを見せたり作ったりしたいので、やりたがるタレントは多いですが、そんなに甘い世界ではありません。

僕とはまったく違う商社のビジネスの考え方

アパレルに関しては、何年か前に一世を風靡したタトゥー・アーティストの『エド・ハーディー』というファッションブランドがありましたが、僕はこのエド・ハーディー・ジャパンの最初の立ち上げの時の役員です。

そのため、エド・ハーディーが「東京ガールズコレクション」に出た時に、普通だったら花道をデザイナーが歩くのですが、役員ということで最後に僕が歩かされました。役員だから当然ギャラなしで……。

エド・ハーディーもすごく売れて、ハワイなどでも大流行しましたが、そのあと商社に売り払いました。そして、僕らが売り払った後からのほうが実際には売れていました。

僕たちは何億円かで商社に売ったのですが、商社というのは一般の量販店とかスーパーにまで一気に展開していくので、もう田舎のお兄ちゃんがみんな着るようになって、商社は大儲けです。ただ、一般の人が着るようになったら、僕はもう絶対に着ません。

この頃に商社の人たちと会う機会が何度かあり、ブランド関連の利権の取り方や物資の買い方まで、商社のやり方や駆け引きというものを学びました。

彼らは本当にアリンコから戦車まで売りますから。商社のすごさ、目のつけ方の面白さというのは僕たちの感覚とはずいぶん違うなと思いました。

僕らの感覚だと、一つの商品を極めたいと思うわけです。自分たちの欲しいもの、かっこいいものとか、自信のあるものを厳選して一番にしようと思いますが、商社の人たちはそのようなことは考えていません。いいものがあるなら大きくして、パーンと売ってしまうのが当然だと考えています。

例えば、僕らがやっているアパレルブランドの年間売り上げが６億円ぐらいだとすると、商社はそのあと全国展開のスーパーでの販売まで考えて、10億円で買い取ります。そして、「全国展開したら２００億円儲かるな」みたいな計算をしているのです。

それとは逆の発想で、商社に売ることだけを目的に店舗展開したり、ブランドを作ったりしている起業家が僕の周りにもいます。お客さんは一般消費者ではなく、商社。商社が欲しがるようなブランド作りというのも、日本の場合はありだと思います。

ただ、こういう手法だと一過性のブーム、一時的な儲けに終わってしまうし、僕の「体にいい商品を届けたい」という趣旨とは合致しないので、いくら儲かるといわれても『保阪流』を手放すつもりはありません。

売れる商品より、自分が欲しい商品がないなら自分で作って売っていこうというのが『保阪流』のベースとなっています。それが、時代に合ってきたのでしょう。

ファンも一緒に年齢を重ねている

２００４年にテレビドラマ『サラリーマン金太郎』が終わった時に所属芸能事務所を辞

めて、37歳の1年間プロレースをやっていた間に、「このままタレント、役者をやっていても、旬じゃないとCMがないし、CMをやるためにどっかに頭下げて回るのも無理だな」と自覚できました。それであれば、自分のやりたいことを発信していかなければいけないなと改めて思いました。

自分は健康関連のことをやりたいと本気で思ったので、「自分の健康の知識と経験がお客さんの心にうまくスッと入って、どうやったらマッチするだろうか」というリサーチに3年ぐらいかけました。

まず、お客さん——僕のファンは女性がほとんどで、彼女たちが20歳ぐらいの時からずっと僕を見てきてくれて、結果的には僕と同じように年を取ってきています。

そもそも僕のファンというのは、王道のジャニーズさんに行かないくらいですから、極端に言えばちょっとオタクっぽいというか、いわゆるコアなファン。ありがたいことに、その絶対数も多いです。

20歳だった自分が40歳になれば、当然ながらお客さんも40歳になっているということを考えると、やはり美容や健康というのは大きな関心事になっています。

とはいえ、みんながみんな「美魔女」になっているはずもありません。ほとんどの人はしっかりトレーニングしたり、管理なんかしていないでしょうから、あっちこっち垂れちゃって、いわゆる〝オバサン〟になっていることでしょう。体の至るところにガタが来ているだろうから、僕の言うことが心に響くのではないかという思いがありました。

また、その世代は子育てや仕事で忙しく、料理を含めた家事がおろそかになりがちです。子どもや男性は、女性に出された料理は何も考えず食べてしまいますから、まずは料理を出す人の意識を変えなくてはいけないという思いもありました。

普通のテレビの通販番組に出ると、たしかにマスでワッと広がります。しかし、テレビを見ている90％がやじ馬で、残り10％が保阪のファン。さらにその中の10％がコアなファンだとしたら、この人たちがモノを買ってくれます。ということは、見ている人の1％ですから、それほど視聴率にこだわることもないと思いました。

料理を出す人で僕のファンがピンポイントで1％でもいればいいというところを探すと、それはまさにテレビ通販専門チャンネルなのです。見ている90％以上が女性ですから。視聴率は少ないですが、ピンポイントをターゲットにしてやりたいことができるのもいいところです。

最初のクレーマーは自分

40歳に向けてのモノ作りを考えた『保阪流』で一番のヒット作は、何度か触れていますが、電子レンジの調理器具の『ラ・クッカー』です。

これが商品化に至るまで3年ほど、僕はどれだけの試作品をぶっ壊したことか……。料理の初心者向けに開発したので、「油を入れて加熱しないでください」と書いても使うかもしれないし、何を入れるかわからないので、いろんな素材を入れて実験しました。

アメリカの話ですけど、濡れた猫を乾かそうと電子レンジに入れたなんて話もあるくらいです。しかも、損害賠償を求める訴訟になったので、今は電子レンジの取扱説明書には「動物を入れないでください」と書いてあります。

信じられませんが、そういう人もいるわけです。だから、僕がありとあらゆることをするクレーマーとなり、試作品をチェックしました。

例えば、中に生の殻付きの栗を入れてみて、高熱になった時にプラスチックに刺さったらどうなるのか、そんなことするヤツはいないだろうなと思いますが、僕はいろんなことをやってみます。

タマゴを入れてチンする人も当然いるので、どのぐらいで破裂するのか、破裂したとしても安全性は担保されるのか、最初にいろいろやってみます。鶏肉も破裂します。あらゆることをやり倒して、製品の厚さや形状を工場と徹底的に議論して、最終的にレシピを決めていきます。

もちろん、開発には時間だけではなく、お金もすごくかかります。そのため、商品開発に関わる誰しもが真剣勝負です。それにお互い応えていくには、たぶん熱意しかありません。最終的には、お互いに顔を合わせて直接話すしかないと思います。だから僕は燕三条でも上海《シャンハイ》でもドバイでもどこにでも行ってパートナーたちと話をします。

日本のビジネスマン、日本の企業のいけないところは、現場に行かないことです。例えば、外国で本気でビジネスをしたいのなら、乗り込んでいかなければ相手に熱意が伝わりません。

工場も同じで、メールで言うのと直接話すのとでは全然違います。直接、「こんなの入れて試したら壊れた」などと言うと、彼らも技術者なので意地になります。工場側としてはすごく嫌だと思いますが、その意地にどうやって火をつけていくのかが問われます。

しかし、それは逆に発売後の安心につながります。最初から中途半端なテストだけであれば、いざクレームが来た時に対応できないでしょうから、だったら僕が最初のクレーマーになろうと思って開発に携わっています。

職人の価値まで安くしてはダメ

開発にお金がかかると、本来であれば価格にそれを乗せていきますが、「保阪流」ではもともとの展開が大きい分、価格は抑えていきます。逆にアパレルや小規模な店の場合、こだわり抜いた分、高くなっても仕方ないと思っています。

テレビショッピングだと、売れているのに値引きをしなければいけなかったりするので、先述のようにスタッフにも値段設定を間違わないように言っています。ただ、スタッフは僕のコンセプトを知っていますし、中間流通を通していない分、ギリギリまで安くしようと努力しています。

ただし、今の時代と企業のあり方として考えると、安さの追求は、良い悪いでいうとたぶん良くないかもしれません。なぜなら、開発期間がすごく長いので、他の企業で同じことはできないですし、真似《まね》できないからです。

類似商品をウチの値段でやろうとすると、まずは人件費が圧縮され、末端に行けば行くほど削られていくことでしょう。それでは誰もハッピーになりません。

いま世の中は、どちらかというと売り手市場です。その時に何が大事かというと、あまりやり過ぎてしまうのは良くないということ。消費者に安く売ってあげることはいいことなのですが、消費が下がっている中で、技術の安売りになるのは嫌です。

「保阪流」のもともとのコンセプトの中に、日本人が知らない日本の技術を使いたいということもあります。先述のように、本来だったら3万円で売っている包丁をほぼ1万円で売っています。ということは、値段は3分の1になっているということ。これは気をつけないと、ブランド価値を下げることにつながりかねません。

他のテレビ通販で包丁が例えば7000円で売っていたとしたら、ウチの包丁は1万円なので高いのですが、そこの差はどうでもよくて、それよりも同じ工場で同じ職人が作った3万円の包丁を気にしなくてはなりません。

開発費には、出張旅費を含めた僕の人件費は計上していないですし、中間流通も飛ばして大量発注しているので、この値段が可能なのです。職人さんたちの技術はそのままお金に跳ね返ってくるので、その価値を保ってあげなければいけないし、守っていかなければいけません。そういう意味で、あまりに値段を下げ過ぎてしまうと、職人さんに迷惑が及ぶ可能性もあるので、そこは気を付けていかないといけない部分です。

僕たちの商品を作ってくれている技術者の方たちを守るためには、本来だったら値段をもっと上げるべきなのですが……それはすごく難しい判断になります。結局、買って手に取ってもらわなければ、この技術の高さは伝えられないからです。

いずれにしても、日本人の職人たちの仕事を外国製と同等の値段にしてしまってはいけません。日本の技術は高いのですから。

『ラ・クッカー』ロングセラーの背景

『ラ・クッカー』は「保阪流」の中でもロングセラーのスーパースターです。

僕が芸能プロダクションの社長だとしたら、商品がタレント。そういう意味では、1年だけ売れる「一発屋」のタレントはいっぱいいますが、開発費をかけているわけですから、1年だけ売れても大きな儲けにはなりません。

人間（タレント）とは違って、商品開発というのは時間とお金、そして人を相当動かしています。型を作って商品化するものもありますが、1年だけ売れたところで、型を作るために投資した金額は回収できないものです。

例えば、『ラ・クッカー』などは3000～4000円ですが、型を作るだけで最終的に2500万円ぐらいかかっています。そうすると、型の分だけでも回収するためには2500万円稼がなくてはなりません。売り上げではなく利益から引いていくので、一発屋的に売れても儲かりません。

今年の初め、テレビの収録で中居正広くんに会った時に、「ウチの『ラ・クッカー』って、中居くんみたいなもんなんだよ。長い間、売れてるでしょ。通販とか、テレビ業界で、5年売れる商品ってないからね。ウチのこれ、もう6年ぐらい売れてるんで、化けもんだよ」と言いました。いまだにテレビで売ったら1日で1億円売れることもありますから、本当にモンスター商品です。

タレントさんでも残る人と残らない人がいますが、『ラ・クッカー』は本当にスターとして長くもっています。

売れる原因は、その名前の通り「楽に調理ができる」からです。『ラ・クッカー』というのは、言うまでもなく「楽にできるクッカー」というダジャレ。ただ、「楽ッカー」『ラク・ッカー」ではかっこ悪いし、開発チームに女性に「『ラ』のあとに点を入れてちょっとフランスっぽくしましょう」と提案されて、『ラ・クッカー』になったのです。

ただ、テレビで言っていませんが、実は簡単ということだけではなく、「美味しく」なることもわかっています。

人間が「旨み」を感じる成分は、グルタミン酸のほかに三十何種類かあります。例えば肉があった場合、普通にフライパンで焼く、鍋で茹《ゆ》でる、そして『ラ・クッカー』でチンするといった三つの結果を比べてみると、『ラ・クッカー』が一番旨みが上がりました。これは第三機関で調査して、実は裏付けも取っています。

特に僕が何よりもこだわったのは、料理のできない人用に作ったということ。ちょうどこれを開発していた頃、たまたまお年寄りが料理していて火をつけっぱなしにして火事を起こしたとか、お母さんが帰ってこなくて、子どもが自分で料理しようとして家を燃やしたという事件がありました。

火というのは、確かに便利なものです。人間が発明した一番の道具は火ともいわれますから、すごく便利ではあるのですが、扱いが難しいことも事実です。

料理中にピンポーンと来客があったり電話が鳴ったり、赤ちゃんが泣いたりするとそちらに気を取られ、火をつけっぱなしであることを忘れることもありがちです。途中で火を止めるとまずくなりますし、焦げるならまだしも、つけっぱなしで火事になっては元も子もありません。

その点、電子レンジというのは事故が基本的にありません。調理が終わったらピピピピと鳴って教えてくれますし、放置したからといって火事になるようなことはありません。誰にでも安心安全に扱えるのが電子レンジなのです。

レシピ本を1冊も出していない理由

「芸能界屈指の料理人」などといわれることの多い僕ですが、意外かもしれませんが、いわゆる「レシピ本」というのは実は今まで1冊も出していません（『ラ・クッカー』のオリジナルレシピブックは除きます）。いろいろな出版社から「レシピ本、出してください」という依頼はいっぱい来てはいましたが、全部断りました。

理由は簡単です。例えば、調味料の量もちゃんと計ってレシピを全部書いたとします。

そこまではいいです。しかし、僕が作る料理を中火で調理する場合、「中火で5分」と書いても、コンロの火力も違えばＩＨかもしれないし、もちろん使っている調理器具も違います。「中火で5分」がそれぞれ家で違うわけです。そうすると、僕と同じ味にはなることがありません。

せっかくレシピを出しても、「何だよ、保阪のレシピで作ったけど、美味しくないじゃん」「しょっぱいなぁ」「焦げちゃったよ」と怒られるだけ。これ、マイナスだなと思って、レシピ本は一回も出していないのです。

料理において、一番のネックは水分の調整です。いろいろな食材に水分が入っていますし、調理で水を足したりするので、結局は火力で水分を調整することが料理だといっても過言ではありません。つまり、水分をうまく扱えないと、味はすごく変わってしまうのです。そこの加減は、ただ「中火で5分」という言葉だけでは伝えきれません。

また、例えばカレーを作るのであれば、まず肉を炒めますが、この時に油を引く人もいれば、肉に脂があるから引かないという人もいます。油を引くといっても植物性オイルの人もいればラードを引く人もいます。そもそもスタート時点から、もう味が変わってしまいます。

料理ができない人というのは、手順が守れないものです。「肉から炒めましょう」と書いてあっても、それができないのです。面倒くさいからといって、最初から具材を全部鍋に入れて炒めてしまったりします。あるいは、具材はまったく炒めないで、水を張った鍋に全部の食材を入れて、最初からカレールーも入れてグツグツ煮込む人もいます。

だいたい、料理が面倒くさいという人は最初から全部入れてしまうタイプです。結局、それも面倒くさいからレトルトでいいやとなってしまいます。

しかし、料理をする人は手順が大事なのを知っているので、最初に肉を炒めて、その肉の脂で野菜を炒めていって、火を通し過ぎて肉が硬くならないように一旦《いったん》取り出します。お水を入れてからはアクを取りながらクツクツ煮込んで、野菜がいい感じに軟らかくなってからルーを入れて、最後に肉を戻して……と、手間をかけていきます。

これが楽しいと感じるか、面倒くさいと感じるか。面倒くさいと思っていることは、何度やっても面倒くさいことでしょう。

ただ、何よりも僕には、自分の健康、家族の健康のためには、料理を自分で作ってもらいたいという気持ちがありました。もちろん、忙しくて時間もないということも、そもそも料理の手順がわからなければ、何かしたくてもできないということも、面倒くさいということも理解できます。
こうしたことを解消するために、僕は『ラ・クッカー』を考案したといっても過言ではありません。

プロの料理人は食材の下ごしらえに使っている

『ラ・クッカー』のレシピは、全部入れるだけというものばかり。食材は肉でも硬い野菜でも大丈夫、すべての調味料と水の全部を入れて、フタをして電子レンジでチンするだけです。誰でもできます。

忙しかったら、お母さんは『ラ・クッカー』に食材と調味料を入れて冷蔵庫に置いておいて、「帰ってきたらこれを電子レンジで5分チンして食べなさい」とメモを残していけば、子どもは自分が管理した食材を温かい状態ですぐに食べられます。電子レンジですから煮過ぎの心配がなく、僕のレシピの通りの味になります。

ラ・クッカーのレシピの中でこだわったのは、とにかく手順の項目を減らすこと。だいたい基本的に三つぐらいしか項目はありません。ラ・クッカーに食材、調味料を入れて、フタをして何分チンをして、あとは盛りつけましょうと、そのくらいです。

それから、味噌や醤油など調味料は、特に銘柄や種類を指定しないことにもこだわりました。細かく指定すれば僕の思った通りの味になりますが、日本全国に売る商品なので、地域によって白とか赤とか好きな味噌が違いますし、醤油も甘口や減塩などいろいろあります。ここにこだわってしまうとその調味料を買いに行かなければいけなくなり、そうするともう料理をしなくなってしまいます。

そこで、「醤油や味噌は家にあるものでOKです」と書いてあるのですが、これが驚き、「いつもの調味料と食材を使ってるのに、何か私の味つけじゃないわ！」という、『保阪流』の味ができ上がります。

とはいっても、慣れ親しんだ味噌や調味料を使っているので、拒絶感は出ません。そこはこだわったところなので、すごく使いやすいレシピになったと自負しています。

僕は人の家に行って料理することもあるのですが、当然、ウチの調味料と同じものがそろっているわけではありません。そこにあるもので作るしかないのですが、その時と同じ手法、感覚です。

レシピには凝った料理は全然なく、割と安価に簡単に作れる料理ばかりなので、そういう意味でも長続きします。

また、料理だけではなく下ごしらえにも使えるので、意外にプロの料理人の方が使ってくださっています。タマネギ丸々1個蒸すなどの食材の調理に使えるように作ってあるので、家でちょっとツマミを作るくらいなら簡単にチンしているようです。料理ができる人たちはレシピの料理を作らないで、下ごしらえだけに使っています。

一応、レシピの後ろに下ごしらえ用のガイドラインの時間だけは全部書いてあります。肉や魚、タマネギ、カボチャなど、「これだったら何ワットで何分何秒チンしてください」と指定してあります。料理をする人にもしない人にも使いやすく作っているつもりです。

僕自身、毎日ラ・クッカーを使っていますが、料理よりも下ごしらえが多いです。

口コミも多かったと思います。テレビ番組に行くと「持っている」という芸能人がけっこういます。僕があげているわけではありません。また、「友達がすごい使ってますよ」「私ももらったんです」と声をかけられることもけっこうあります。

やはり、見ているだけでは良さがわからないので、「これ、買ったら良かったよ」と、使っている人が言っているのだと思います。絶対、『保阪流』を放送する通販専門チャンネルのQVCを見ないような人たちが持っていますから。

問題は、壊れないこと

類似品はいっぱいありますが、中国製のものとは実力が全然違います。初めて使う人はビックリすると思います。

モヤシと豚バラ肉を入れただけでどうしてこんなに美味しいのか？　しかも、生のモヤシと生の肉を入れたのに、どうして同じように火が入るのか？　これは、本当に日本の持つ技術で、美味しく熱が入る薄さをミリ単位でとことん詰めたからです。

他の電子レンジ調理器具でモヤシを肉と一緒に入れて、肉に熱が通るまでチンすると、普通ならモヤシがクタクタになりますが、ラ・クッカーならシャキッとしたままです。

開発段階でいろいろなものを入れて、形状や厚さもいろいろと作ってテストを重ね、日本中で売っているであろう電子レンジをできる限り用意して、どれでも同じように熱が入るように設計していきました。

昔の電子レンジは、一方向からしか電磁波が出ていないので、中に入れた食材を回していたのですが、それだとどうしてもムラができてしまいます。しかし、それでも美味しくできるように、とにかくテストを繰り返しました。ラ・クッカーの大問題は、壊れないということ。開発段階で僕がさんざん壊して突き詰め過ぎてしまったので、工場側でも壊れないように意地になって作ってくれました。おかげで壊れなくなったのはいいのですが、逆に買い換えてもらえません。

某家電メーカーのように、保証期間が終わるくらいにちょうど壊れるような設計にしておけば良かったなと後悔（笑）。僕が自宅でプライベートで使っているものも6年以上使っていますが、まだまだ普通に使えます。

そういうこともあって、どんどんバリエーションを増やしていったという事情もあります。大きいのを作ったり、少ない水の量で麺を茹でられる麺用のものを作ったり、あるいはサンマを切らずにそのまま調理できるものまで作りました。

でも、それらは僕自身もあまり使っていないですし、そこまで特化したものは要らないなと思い始めています。ただ、型は作ってしまったので、消化しなくてはいけません。

アスパラをそのまま入れてチンする器具も考えたのですが、「切ればラ・クッカーに入るじゃん」と最近思うようになりました。アスパラ専用器は要りませんよね。やはり、わかりやすさが大事なので、あまり食材別に特化させるのはやめようと思います。

［第4章］

「通販」で売ることの利点

数を売ることにも意味がある

通販事業という性質上、商品をなるべく低価格で抑えて、利益を出すために数を売らなければいけないのは当然です。

ただ、「保阪流」ではできるだけ多くの人に僕の知識と経験を伝えたいという目的があるので、数を売ることにも意味があると思っています。

もし利益の追求だけを目指すのであれば、商品の値段を上げて、小ロットで売るだけでもいいわけです。前章で挙げた1本40万円のデニムなどがいい例です。例えば、1000円の商品で利益が一つ300円だとしたら、売値を3000円に上げると、売る数は3分の1で済みます。原価は変わらないですし、リスクも減ります。

こうした手法を取れば、たとえ利幅が少なかったとしても、売れれば売れるほど利益は上がっていきます。しかし、「保阪流」の最初のコンセプトである「自分が知っている技術、知識などを商品に置き換えて、人に手渡していく」というところが減っていきます。

そういう意味では、たくさん売れたほうが「保阪流」を通して〝保阪論〟というものがたくさんの人に伝わっていくことになります。利益、儲けよりも、その点が僕にとっては非常に重要なのです。

「保阪尚希が作ったっていう調理器具や包丁を使ってみたらいいものだったよ。そういえば、あの人って何か見た目も若いよね。何やってるの、あの人？　サプリ飲んでるんだ、へー」みたいなところから関心を持ってくれれば十分です。

残念ながらウチはサプリを出していないのですが、「保阪流」を通して僕の健康への思いが少しは浸透してきていて、最近では食べ物のことを考える人がすごく増えてきているなと実感しています。

例えば、いま「保阪流」でバカ売れしているのが『ファスティング48』というドリンク。ファスティングとは、短期間で健康的に行う断食プログラムのこと。これは、乱れがちな食習慣のリセットを目的とした、2日間（48時間）のプチ・ファスティングをサポートするドリンクです。

「ファスティング48」には1本（2日分）にレタス11個分の食物繊維をはじめ、ビタミンCがレモン56・4個分、ビタミンB1が豚ヒレ肉955g分、ビタミンB2は豚レバー300g分、カルシウムは牛乳3・8杯分が含まれています。ファスティング中に不足しがちな栄養をしっかり補うことができます。

8年かかってやっと、予防医学としてやりたかったファスティングに手を付けることができました。今はバージョン2で、もうすぐバージョン3になる予定です。

ファスティングの壁を近づける

『ファスティング48』は、使用する野菜や果物は純国産にこだわって、岡山の吉備《きび》高原で冷暖房なしで作っています。冬場は寒くてなかなか発酵しないので生産率は落ちますが、それでも自然の温度、気象条件で作ることにこだわっています。

同じ作り方をして販売しようとすると、だいたい1本1万2000円ぐらいするはずです。しかし、ウチでは7000～8000円ですから、4割ぐらい安いです。値段でいえば、単純に20％ぐらい引いて1万円程度で売れば、もっと儲かるのですが、そうはしません。

なぜかというと、普段何も考えずに食べまくっている人たちにとっては、ファスティング（断食）というのは非常に遠くにある壁だからです。値段が高いと、その壁がさらに遠くに行ってしまいます。

目の前にある壁なら乗り越えられるかもしれませんが、遠くにあるのでその壁が高いのか低いのかも想像できません。プチ断食といっても、2日で6食抜くと考えれば、ハードルは高いことでしょう。

とはいえ、食べ物をすべて抜くというわけではありません。食べ物の代わりに、このドリンクを飲むということです。

ただ、固形物を噛《か》まないということに慣れていないので、難しいと感じてしまうのかもしれません。このドリンクの中には、2日分の栄養素がすべて入っています。この栄養素だけを買うとしたら、どのぐらいの値段になるかわからないというくらいの栄養素が入っています。

僕が学んできた予防医学で最初にやるのがファスティングです。体の中のリセット、要は体の中の毒物を抜いてから、サプリメントで栄養やミネラルを入れていくという考えです。つまり、ヘドロの中にいいものを入れてもきれいにならないのと一緒で、一度きれいにリセットしてからでないと意味がないという理論です。

そういう意味では、健康への最初の第一歩になるということで、この価格設定にしてあるのです。

ただ、ネット上ではもっと安い、２９８０円くらいからファスティングドリンクが売られていますが、だいたいがケミカルだし、中身もただの砂糖水みたいなものばかりです。

そうしたドリンクを普段検索して見る人たちからしたら、それでも「ファスティング48」は倍ぐらいの値段です。

きちんとしたファスティングドリンクを作っている人たちからしたら、「この値段でよく出せるね」と思っていることでしょう。同じ作り方をしたら、他の企業さんは、到底ウチの値段では勝負できません。少人数のチームで、広告費もかけずにやっているから、できるのです。

とにかく、体にいいものを価格を下げて売ることで、少しでも多くの人が普段の食生活を考え直してくれれば、僕がやっている意味があります。

ウチで扱っていない健康的な商品にも「保阪流」の人たちは関心を持ってきているので、そういう意味では何万人、何十万人かわかりませんが、その人たちはとりあえず健康に向かっているなと実感するとともに、嬉しく思っています。

代わりになる商品を用意する

通販事業やグローバルなビジネスを展開していくと、第2章でも触れたトランス脂肪酸や食卓塩のように、変なものにも気がついていきます。

僕が出演している衛星放送・QVCの『保阪流』では、かなりグレーゾーンに突っ込んでしゃべっています。例えば、「白砂糖禁止です」とはっきり言っていますから。他の番組ではなかなか言えません。

現在、地球上で植物を精製して作るものというのは、コカインとアヘン、そして白砂糖ぐらいだといわれています。調べてもらえばわかりますが、白砂糖というのは常習性があり、体にも悪い物質です。中毒性があるからこそ、この三つの精製品の奪い合いで戦争も起きています。アヘン戦争は有名ですが、砂糖戦争、コカイン戦争もあります。

アメリカでは公立学校で砂糖を多く含んだ飲料を販売しないように合意されていますし、イギリスでは砂糖を多く含む子ども向け食品のコマーシャルが規制されています。

そもそも、白砂糖はアトピーの子には一切ダメです。ガン患者もNG。炎症を激化させるから絶対ダメです。予防医学では禁止されている物質の一つなので、そのことを僕はテレビで言っています。

しかし、そう言うと、「魚の煮付けは何を入れたらいいの？　みりんだけじゃ味がつかないよ」と反論されるのですが、そもそもみりんにはすでに砂糖が入っています。煮物などの場合、砂糖のおかげで照りが出たり、コクが出たり、まろやかになるということはたしかにあることです。

そこで、砂糖禁止というのなら、それに代わるものを提案するべきだと思い、オリゴ糖を作りました。それが『フラクトオリゴ糖』です。１００ｇあたり約32・５ｇも食物繊維を入れました。

これも最初は日本の工場で作ろうと奔走しましたが、結局は韓国の工場で作ってもらっています。この商品は７００㎖で1本１０００円ぐらいで売っているのですが、オリゴ糖１００％ではあり得ない値段です。「オリゴ糖」と書いていながら、添加物を入れて、実は半分ぐらいしかオリゴ糖を使っていない商品も世にあふれています。ネット上でもウチの商品が一番安いかもしれません。

韓国から輸入していますが、果糖類というのは輸入関税が非常に高く、しかもオリゴ糖

100%という純度の高さなので、40%もの非常に高い関税を払っています。それでも日本で作るよりも安く済みます。

本当は日本で作りたいのですが、どんなに頑張っても1本1800円ぐらいになってしまいます。僕としては、ぜいたく品としてではなく、日常的にジャバジャバ使ってほしいという思いがあり、ここだけは妥協して安い韓国製にしたのです。

腸内フローラが喜ぶエサ

フラクトオリゴ糖というのは味的には砂糖に近く、クセのない、まろやかな甘さが特徴で、その性質は難消化性です。つまり、胃で吸収されにくいため、腸まで届きます。

最近、人間の内臓の中でも「腸」に注目が集まっています。消化や吸収だけではなく、免疫や精神にまで腸が大きな影響を与えることが最新の研究でわかってきています。

人間の腸内には100兆個、重さにして1~1・5キロもの細菌が棲息《せいそく》しています。さまざまな性質の細菌が寄り集まって、一つの生態系を作っているその姿は、顕微鏡で見るとまるでお花畑。そのため「腸内フローラ」(フローラ=花畑)と呼ばれます。

腸内細菌の分類に関して、かなり単純化すると、「善玉菌が2割、悪玉菌が1割、日和見菌が7割」といわれます。腸内環境が崩れたら人間は健康を損なってしまいます。健康を保つためには善玉菌を活発にさせなければなりません。

この善玉菌の大好物が発酵食品(乳酸菌)、オリゴ糖、食物繊維、この三つだけなのです。「保阪流フラクトオリゴ糖」にはたっぷり食物繊維が入っていますので、オリゴ糖と食物繊維が善玉菌の栄養源となり、お腹の環境を良好に保ちます。

腸内環境を良好に保とうと、普通の人は乳酸菌入りのヨーグルトを一生懸命食べますが、実は500mlのヨーグルトには乳酸菌が100億個しか入っていません。先に挙げた「ファスティングドリンク48」1本(720ml)には1兆800億個入っています。それだけの乳酸菌を摂るためにヨーグルトを食べたら、ブタみたいになっちゃいます。

何かよくわからないまま腸のためにと思ってヨーグルトを食べている人もいるかもしれませんが、バランスよくオリゴ糖と食物繊維も摂ってほしいと思います。乳酸菌だけが善玉菌の食べ物ではありません。

カロリーを気にして無糖でヨーグルトを食べようとして、美味しくないから続かなかったという話も聞いたことがあります。それなら、食物繊維入りの「保阪流フラクトオリゴ糖」をヨーグルトにかけて食べたら完璧です。

また、食物繊維がいくら体にいいといっても、子どもたちはなかなか野菜を食べてくれません。大人でも何のために野菜を食べているのかわからないという人もいますけど、栄養よりも食物繊維のために食べているわけです。

野菜嫌いな子どもに「野菜、食べなさいよ!」といっても無理。「フラクトオリゴ糖」だったら野菜嫌いでも食物繊維を摂れますし、乳酸菌が入っているヨーグルトにこれをかけて食べたら、腸内フローラが喜ぶパーフェクトなエサができます。

僕は「砂糖禁止」と言っている以上、煮物にも使ったり、パンケーキにかけたり、すべてのものに使ってほしいので、なるべく大容量で安く提供するのが第一義だと思いました。本当はメイド・イン・ジャパンにこだわりたいのですが、これに関しては日本製にするとどうしても成立しなかったのです。

パッケージにお金をかけても無意味

今年の1月、「保阪流」で新商品『ストレッチハーツ』を発売しました。これは、肩甲骨と骨盤を中心に「ストレッチ」「ほぐし」「はがし」というトリプル効果を得られる健康器具です。リンパの流れを正常にすることで、頭痛や肩こり、シミ・そばかすも改善できるという優れものです。

発売直後から楽天、ヤフーなどで売上1位を獲得し、あっという間に日本中で在庫ゼロになってしまいました。

お客さんからの注文が入っているのに、生産が追い付かなくて大騒ぎでした。中国の工場もいっぱいで、日本の工場にも頼むしかなかったので、さらに2000万円ぐらいかけて型を作り、何とか回しています。おかげで原価がだいぶ上がってしまったのですが、定価は上げられません。

これは今まで市場にまったくなく、誰も見たことのない商品でした。商品化するまでこれも3年ぐらいかかっています。ピンポイントでいろいろな使い方ができて、価格もギリギリまで抑えてというコンセプトがマーケットにすぐに合ったので、いきなり当たった商品となりました。

まったく広告費もかけていないですし、パッケージは透明なプラスチックで中が丸見え。正直、アダルトグッズかと思えるくらいで……(笑)。パッケージに関しては、簡素でいいということと、その器具の形がハート型で面白いので、陳列する時も中が見えるようにしてほしいということだけを要望して、スタッフに任せました。

ここ1年ぐらいかけて、ロフトさんやドン・キホーテさんに置いて、どういう層がどのように買っていくのかを市場調査していました。市場調査ではあまり売れなかったのですが、その時に思ったのが、「自分の写真入りのＤＶＤと説明書が入ってなかったら、完全に大人のオモチャ。変な形だから、『どうやって使うんだ？』って関心は持ってくれるかもな」ということでした。

それが、通販で売ったら大ヒット。

〝お客さんにしてみれば、パッケージなんて関係ないんだな。やっぱり商品だよな〟

そう再確認しました。それまでも、パッケージや包装にお金をかけて、結局その分を商品に乗せて高くなるくらいなら、パッケージはシンプルでいいと思っていましたが、それが正しいということがよくわかりました。

「ストレッチハーツ」も輸送を考えたらダンボールがいいのでしょうけど、ダンボールだと商品が見えなくなってしまいます。誰も見たことのない面白い形をしているので、見えなければ意味がないということで一番簡素で安いパッケージになりました。しかも、

ＤＶＤや説明書もただのラップで貼りつけているだけですから。

本当はパッケージもいろいろとやりたくなるのですが、そこで凝った分、商品価格に転嫁されてしまうので自重しています。

取引先を安く買いたたかない

「保阪流」には、まったく買えない幻の『マンゴープリン』があります。

僕はもともとマンゴーが大好きで、フィリピンに留学している時も毎日食べていたほど。マンゴープリンも大好きです。毎月のように新しいマンゴープリン屋さんができるほどマンゴープリンが愛されている香港にもよく行っていました。

そこで、「マンゴーそのものを超えるぐらいのマンゴー入りマンゴープリンを食べたい！」と思ってマンゴープリンを作ったのです。

当然、原価はすごくかかっているのですが、その商品などはただのダンボールに入っているだけ。真っ白い入れ物に賞味期限が書いてあり、それを本当にただのダンボールに分けて入れているだけ、何にも書いていません。

テレビショッピングなので商品の説明は入っていますけど、段ボールにガムテープを貼るだけで送りますから、「え、これ?」と驚くことでしょう。

本当ならそのパッケージにマンゴーのカラフルな絵を付けたり、フィリピンかどこかの民族文様をデザインしたり、南の海っぽくしたいのですが、そうすると絶対的に価格が上がります。

では、それは誰のためになっているのかと思うと、消費者のためではなく、僕自身の満足でしかないなと気がつきました。なぜなら、どうせ捨ててしまうものだからです。

例えば、高級ブランドのバッグを買っても、大半の人は箱や袋など取っておいても意味がないと思いませんか。僕は結局、ゴミとして捨ててしまいます。部屋にブランド品の箱だけ積んであるような人もいますけど、邪魔なだけだと思います。

パッケージにお金をかけると、作っている自分の満足度は上がるでしょう。「俺のブランド、かっこいいな」みたいな。全部そろえて順番に並べると、実は竜の絵が浮かび上がる——なんてできなくはないですけど、要らないですよね。

僕もインターネットなどで週に何個もモノを買いますが、包装なんて簡素でいいと思います。とくに食品であれば美味しければいいはずです。パッケージのきれいさなどは誰も求めていません。こだわるところは入れ物ではなく、美味しさや素材です。本当であれば、特にこのマンゴープリンのような海外のものは、もう少し原価を上げるべきかもしれません。しかし、僕らは原価計算を厳密にしていないのです。海外に何回もミーティングに行ったり視察に行ったり、試食しに行ったりしている費用は原価に乗せていません。

ただ、そういうどんぶり勘定的なことは、自分たちはいいですけど、取引先にまで求めてはいけないと肝に銘じています。例えば、急にモノを頼んだ時に、気を遣って安くしてくれるのはいいのですが、必ず利益を乗せて請求するように言っています。そうでないと、ただ頼んだだけになってしまうので、付き合いづらくなりますし、そこはビジネスとしてやらないと、お互いのためになりません。

提供する商品は少しでも安くしたいですが、商品作りに関わっている人たちを安く買いたたきたいという気持ちはまったくありません。

実店舗は持たない

通販事業に至るまでに、カレー屋やラーメン屋、イタリアン、洋食などの実店舗をプロデュースしてくれという話はいっぱいありましたが、全部お断りしました。ただ、どうしてもカレーのルーを僕に決めてほしいというカレー屋だけは、僕の名前を隠してやったことがあります。

飲食の実店舗をやらないのは、「管理ができない」という単純な理由からです。味の管理はもちろん、食中毒を出さないような衛生上の管理まで責任を持ってできません。仲間で信用できる人がいたら、やっても面白いなとは思います。

ただ、お店の場合は、その場所に来てもらわないと商品を提供できません。そうすると、あまりに狭い世界になり、僕のやりたいこととちょっと違ってきます。そこまで来てくれるお客さんは、僕の考えを知っているような、すでに健康志向・意識が高くて、行動力も情報収集能力もある人だと思います。

言い方は悪いのですが、出不精で、家でゴロゴロしているような人にこそ「保阪流」を伝えたいのです。家から全然出なくて、自己管理が苦手な、まさにテレビショッピングの主な視聴者となる人たちです。

実店舗と、テレビというツールを使った通販では客層が全然違います。しかも面白いことに、同じテレビといっても、地上波のテレビ通販と、ＢＳやＣＳのテレビ通販では特徴がまったく違います。

例えば、地上波のバラエティ番組やテレビ通販で何か商品が話題になったとすると、インターネットと連動して、ネットでワッと売れます。一方、BSなどのショップチャンネルやQVC、ジャパネットたかた、ショップジャパンなどのテレビ通販でワッと売れても、まったくインターネットと連動しません。つまり、最初から視聴者層、客層が違うわけです。

そういう意味では、僕がいまQVCさんを主戦場としてやっているのは、そこに自分がターゲットとしている客層がいるということにほかなりません。

健康グッズであれば、地上波のバラエティなどでやれば、とにかくいろんな人たちが見てくれるという意味では効果的だと思います。

ですが、家族や子どもたちにご飯を作って出すような人たちに健康のことを伝えたいと思えば、そうした人たちが多く見ているQVCなどのテレビショッピングのチャンネルが最適です。そうしたところから「保阪流」の健康というものを刷り込んでいきたいという思いがあります。

ちなみに、そういう考えではなく、「美味しいものをみんなに食べさせたい」という思いが強いなら、実店舗がいいかもしれません。すごく貴重な美味しい肉が手に入った、それを提供したいけど生でなければ提供できない――そんな場合は、実店舗でなければ無理でしょう。

しかし、それをビジネスとしてやるとなった場合、僕なら365日24時間、休みなしでやらなければいけないと思います。なぜなら、食べたい人がいるのに、今日は定休日で食べられませんというのはこちらの都合ですから、それはいけないと思うからです。

まぁ24時間は言い過ぎだとしても、365日、僕は管理できません。たぶん、1店舗だけではビジネスにならないので拡大したいと思っても、それは尚更《なおさら》無理。僕の目が届かなくなると、味が落ちたりとか、食中毒が起きたり、さまざまなサービス面の低下が起きかねないので、なかなか難しいところです。

店を持ちたい人に教える現実

もう一つ、実店舗の難しいところは、日銭が動くので、やっぱりお金の問題がいろいろ出てくることです。すごく信用していた人にお金を抜かれたなど、珍しい話ではありません。そうしたトラブル、リスクをいろいろ考えていくと、実店舗というのはそれほど魅力がないなと感じてしまいます。実店舗を出すだけなら、いますぐできます。地方であれば、1カ月10万円以下の家賃で飲食できる店舗だって借りられます。

しかし、すぐできるものというのはあまり魅力がないし、当然ながら〝すぐできる＝リスクはたくさんある〟ということ。だから、僕はやりたいとは思いません。とても責任を持って関われないので、やりません。

芸能人でもお店を持っている人もいますし、脱サラして店を持ちたいという人もけっこういます。しかし、実店舗で飲食をやってもそれほど儲かるものではありません。

よく「脱サラしてラーメン屋やりたい」なんて相談を受けますけど、利益率や損益分岐を出してあげると、みんな冷めます。ラーメン屋をやる場合、チャーシューにいいものを使うと利益率は低くなります。自分のところでしっかり作ればいいですが、面倒くさくなって、安いところから仕入れたりするとどんどん味が落ちていきます。

「ラーメン1杯で1000円？　そうすると1日の損益分岐は150杯だよね。150杯ってことは、1日何時間営業して、昼に何人想定して、座席数いくつにする？　バイトも必要だよね」とか計算していくと、儲からないのが数字で明らかに出てきます。

仕込みの労働もバイトの人件費も家賃も考えたら、よっぽどサラリーマンのほうがいい給料です。そのために何千万も投資するくらいなら、ほかに投資したほうがいいです。

寝ないで働いても、何かやらかして食中毒を出したり、ブームが過ぎてしまって誰も来なくなったら、店をたたむしかありません。相談を受けたら、そういう現実を教えてあげます。この計算よりもいけるようだったらやってみたらいいと思います。

でも、利益を増やすためには、銀行に借り入れして店舗を増やすしかありません。順調に利益が上がればいいですが、そうでなければ返済をどうするのか？

店を出したいという人に限って、こうしたことをあまり考えていないものです。

「芸能プロダクションをやりたい」という相談もけっこう来ます。「女の子いい子知ってるし、集められるから」というのですが……25年前なら賛成したかもしれません。

どうせ売るなら絶対トップになってやる！

僕が40歳になった時に、「テレビも過渡期でダメになってしまうから、自分で言いたいことは発言していこう。でも、モノを作らないと人は聞いてくれないし、その裏付けとなる資格も取らないと相手にしてくれない」というところからスタートし、資格や商品などの〝武器〟を全部そろえていきました。

そして、いざ行くぞとなったら「絶対トップ取ってやる！」と思っていました。

その頃、芸能人がやっているテレビ通販番組というのは、グッチ裕三さんが何か売っていたかなというくらいで、商品を自分で開発して通販業界に自分から入っていった芸能人というのは、おそらく僕が初めてだと思います。

いま僕の活躍の場はＱＶＣですが、最初は同じく衛星放送のショップチャンネルさんに行きました。どちらも24時間テレビショッピングを放送する専門チャンネルで、ショップチャンネルのほうが先発です。

親会社はどちらも商社、ショップチャンネルは住友商事、ＱＶＣは三井物産。ショップチャンネルは、アメリカのＱＶＣに近いというか、日本式のやり方で通販番組をやっていました。

当時はショップチャンネルとＱＶＣでは、売り上げが10倍ぐらい違ったと思います。そして、その下にジャパネットたかたやショップジャパンがありました。僕は「どうせ売るなら1位の会社と組んで、トップを取ってやる」と思っていました。

そこで、ショップチャンネルに乗り込んで、「いいモノしか売りたくないんです」と訴えたのです。365日24時間、モノを売っている会社ですから、正直言って、いいモノも悪いモノも玉石混交で売っています。しかも、芸能人の冠番組という企画ですから、難しいかなと思いました。

ところが、返事は「好きなもの売ってください」というもの。それで『保阪流』という番組ができました。さすが商社、チャレンジャーだなと思って感心しました。

現在はQVCさんでやらせてもらっていますが、10年間、一気にやってきました。今でもネットニュースで「あの保阪が1日で1億何千万売った」という記事が出ますが、本当に最初の数年で起きていることです。ほぼスタートからいきなり売れました。そこまでたどりつく間にマーケティングをして、しっかり作り込んでいたので、「絶対にいける！」と思って始めたからです。

結果的には、立ち上げから4年ぐらいで通販会社の中で売り上げトップの座も獲得することができました。

僕が最初、40歳で通販業界に飛び込んだ時に「役者がモノを売るの？　芝居だけやってればいいじゃん」みたいな意見が99％でした。

しかし、今ではいろいろな役者さんや芸能人、著名人が「通販やりたいんですけど、どうですかね?」と僕のところに相談に来るようになっています。

僕が「保阪流」を始めた頃は、テレビ局は自分で通販番組を持っていませんでした。なぜかというと、テレビ局というのはスポンサーからお金をもらって番組を制作し、視聴者に流すものだからです。10年前は、自分の会社でモノを売って稼ぐなんて発想はなかったわけです。

もちろん、それまでにも通販番組はありました。ただ、それは「死に枠」といって、自分たちが要らない時間、スポンサーのニーズのない時間を外部の通販会社が買い取って放送していたのです。10年前は各局、通販番組を相当下に見ていました。

他のタレントさんの通販参入は大歓迎

通販業界も盛り上がってきて、ここ何年かでいろんなタレントさんも参入してきました。たまに「新しく入ってきた人が売れて、自分のところがおびやかされると思うと悔しくないですか?」などと聞かれることがありますが、まったくそうは思いません。むしろ大歓迎です。盛り上がりますから。

何度も言っていますが、僕は通販番組をやり始めたころから1日で1億円以上売っていたのに、10年経ってこれだけ話題になっています。だから、最近またテレビなどに呼ばれているわけで。ということは、世間一般の人たちは僕が10年もの間、通販事業で稼いでいたということを知らないということ。

同じテレビという媒体を使っている非常に近い世界ですが、タレントでも僕が通販でやってきたことを知りません。マーケットが違うから仕方ないですし、別に僕も目立ちたいわけではないので、気にはしていません。

そういう意味で、いろいろな人が参入してくれればもっと話題になり、もっと見る人が増えて、マスコミや一般の人たちに知られていく可能性が広がります。僕のコアなファン層ではなく、世の中一般の人たちが知られる底上げのチャンスでもあります。

そうすると、通販の世界にもいい人材が入り込んでくるので、それはすごくありがたいことだと思います。関わる人が増えればマーケット自体も大きくなりますし、その結果としてパイも増えていきます。他のタレントさんが入ってきたからといって、自分の枠が奪われるという意識はありません。僕の固定客が別に減るわけではないですし、そもそも、ウチの相当頑固なスタッフがこだわり抜いて作っている「保阪流」と同じような商品は絶対に出てこないと自負していますから、その点では不安も恐怖もありません。

逆に、「やれるものならやってみろ！」くらいに思っています。この世界に来るのだったら、ちゃんと勉強してきてほしいです。どうせ来るのだったら、売れてほしいですし、話題になってもらいたいです。そうでないと、通販番組がへなちょこのたまり場みたいになってしまいますから。もっといろんな人が入ってきて売れたほうが、通販の世界も知られますし、新規顧客も増やせます。テレビでもモノを買えるということすら知らない人もまだまだたくさんいるので、僕とは違うマーケットを持っているタレントさんにどんどん参入してほしいと思っています。

実は台本がない通販番組

僕の『保阪流』を見ていただいたことのある方には驚きかもしれませんが、あの番組は台本どころか、ポイントをまとめた構成案すら作っていません。

まず商品があって、価格があって、特徴をまとめたパネルみたいなものを作るくらい。それ以外は何も決まっていません。スタートの「おはようございます」から、全部自分のアドリブで話していきます。

僕は、最初に「QVCをご覧の皆様」と言って始めることが多いですが、それだって何も決まっていないのです。

もちろん、僕と掛け合いをするアナウンサー側、いわゆる局アナには、台本とまではいかなくても、言わなければいけない情報は全部入っています。収録中にカンペが出たりすることもありますが、僕に関しては何一つありません。フリートークです。

番組1時間前にプロデューサーと局アナを交えて、その日に売る商品の特徴や値段を説明して、「あとは保阪さんがいるから大丈夫でしょ。よろしくお願いします」でミーティングは終わりです。

1時間の自分のショー——台本も何もない、流れもない、ストーリーもありません。どこにどうやって山を持ってきて、どこに着地させていくのかというのも、全部その場で自分がその瞬間に決めています。自分の中で想定した台本があるわけでもありません。本番まで何を言うかも決めてないのです。

だから、何か乗らない日もあります。全然勉強してこなかったり、仕事という意識を欠いているアシスタントさんと一緒にやる時は最悪です。

でも、ある意味ではそれは仕方がないことです、局アナにしてみれば、商品が売れても自分にお金が入るわけではないので、そういう意味では僕とは立場が違います。

台本がないので、普通の人にはできません。タレントさんや著名人、スポーツ選手などがやりたいといって何人も入ってきますけど、それでもほとんどできません。できていないので、視聴者にも伝わることがないのです。

タレントが出ているだけではモノは売れません。好きなタレントの生写真や握手券を本人が売るなら別ですが、彼らとかかわりのない商品をセールスしても、視聴者の心には届かないことでしょう。そのタレントを見たいとしても、タレントが何か言ったところでモノが欲しくなることはありません。

でも、僕が出ればモノは売れると思っています。僕がこだわって、みんなに使ってほしいと願って作ったものだからです。それは伝わると思います。

［第5章］

日本にこだわる時代はもう終わり

将来が見えない日本

僕が通販事業や海外でのビジネスを通して感じているのは、製品づくりは日本製にこだわっていますが、もう日本にこだわる時代は終わりを迎えているということ。現実を理解している起業家などは、どんどん日本を脱出しています。

例えば、本書でもたびたび触れたトランス脂肪酸や減塩ブーム、放射能汚染などでもそうですが、日本という国では情報にフタをしていくスタイルがまかり通っています。勉強したり調べたりすると事実がわかるのに、日本人はテレビで言っていること、新聞に書いてあること、政治家が言っていることを検証もせずに信じています。

もしかしたら、嘘とわかっていても安心したいがために、検証などしないのかもしれません。いまだにこの国は、戦時中と変わりません。

最近まで、日本のパスポートは世界で5番目に強いといわれていましたが、2018年の最新の調査ではシンガポールと並んで最強の国となりました（※ビザ制限指数。日本とシンガポールは180カ国へのビザなしで旅行が可能。The Henley Passport Index, Visa

Restrictions Index)。

世界のほとんどの国にビザなしで入れるのですが、これは誰のおかげかというとアメリカのおかげです。第二次世界大戦で敗戦国となり、アメリカの植民地になったからこそ、今の平和があるわけです（ちなみにアメリカはトランプ政権となって敵対する国が多くなったため、パスポート順位は2つ落として5位に）。

一応、日本人というのも存在し、日本円なんていうのも存在するし、パスポートも使えますが、アメリカにがっちり抑え込まれています。

では、アメリカが作った利権の最もすごいものは何か？

オイルでも軍事兵器でも、原子力でもありません。それは、実は金融システムです。日本円というのは、ドルがあるから成立しています。

日本円を海外に持っていっても使いものになりません。結局、1回ドルに変えなければ商売できないわけです。ある意味、ドルの下請けをしているようなものです。

僕はいま海外で取引をしています。その中で、例えば30億円の案件があったとして、日本から送金するとなった時、どうするのか？

日本円を海外にそのまま送れることはまずありません。米ドルに換えてから米ドルで送るしかないのです。大きな取引になればなるほど、手数料は莫大になっていきます。

国際取引をすると、日本円というのはまったく無意味で、どうせだったら日本の通貨をドルにしてくれればよかったのにと思うぐらいです。

また、高額な送金が日本に来る時は、アメリカによるブロックがかかります。日本には直接、高額の送金ができないような仕組みになっているのです。金融庁がどんなに頑張っても、1回に4億円ぐらいまでしか取引できません。

日本の企業はアメリカに支社を置かない限り、ちょっとした国際取引にも支障を来たしてしまうのです。

国際的には無意味な「日本円」

僕は2年前から海外事業をやり始めて、やっと軌道に乗り始めたのですが、本当に日本円は無意味だなと痛感しているところです。

そのため、大金持ちの名立たる起業家たちは、もう日本にお金なんか置いていません。強い通貨、例えばシンガポールドルやユーロ、米ドルに替えて、他の国の銀行に入れています。資産のすべてを日本円で持っている人なんかほとんどいません。日本でちょっと使う1〜2億円あればいいやみたいな感じです。

そもそも日本の金融というのは、個人資産をたったの1000万円しか保証しません。ペイオフ制度では、銀行などの金融機関が破綻した場合、預金者一人につき1000万円までの元本と利息を保証するといっていますが、1000万円だとベンツ1台を買えるかどうか……。フェラーリは絶対買えません。

高級車とはいえ、クルマ1台買う額すら保証されないなんて、あり得ないと思いませんか？　1000万円の貯蓄しか保証しないのですから、何の意味もないです。1000万円で何が買えますか？　郊外の小さい建売だって4000〜5000万円します。

話を戻すと、自分たちで金融システムを持っているところがすごく強いということ。ドルを自前で持っていれば、自分たちで値段を決めて買っていくことができます。

いま何かと仮想通貨が話題となっていますが、為替変動や手数料を気にすることなく、直接取引ができるという点から、国境を越えて決済する一つの方法となっています。日本のように多額のお金を持ち出せないなら、仮想通貨に替えて海外で精算するということが当たり前になりつつあります。

もう内需だけでは食っていけない

日本という国は内需だけで成立してきました。特にタレント業などはそうです。昔は子どもも多かったですし、日本でアーティストとして何か出して売れれば、それで儲かって回収できたという時代が長らくありました。

例えば、日本でＣＤがヒットして人口の半分が買ってくれたとしたら５０００万枚のヒットですが、韓国では人口の半分が買ってくれたとしても２５００万枚です。大ヒットしたとしても投資額に見合う利益が回収できるかというと微妙です。そこで、日本進出、東南アジア進出を目指すわけです。

韓国のアーティストの場合、日本に出るまでに3年間修業します。日本語の勉強、日本の文化の勉強、英語の勉強をやってからでないと海外には出しません。韓国国内では、国内のファンをあおるために活動しますけど、目標としている活躍の場はそこではありません。

内需で満足していた日本では、そのようなことはあり得ません。中には、中国や台湾でちょっと売れたといってコンサートする人もいますが、何にもしゃべれないし、その国の文化を勉強することもないようです。

せめてその国の文化を尊重し、言葉も少しくらいはしゃべれるようになって1曲ぐらい現地語で歌ってあげないといけないと思います。そういう意味においては、日本人はマナーを欠いているといえます。

とはいえ、日本ももう内需だけで食っていけなくなりました。繰り返しになりますが、テレビのギャラもどんどん下がっています。日本にいても明るい未来が見えず、もう日本では食えないことがわかっているので、起業家や大きな企業は海外に逃げていっています。

それから、僕は日本人の知識のなさ、意識の遅れにがく然とすることもよくあります。例えば、僕がよく行っているフィリピンなどは、政治家や起業家など、とんでもない大金持ちがたくさんいます。

しかし、多くの日本人は日本から出たことがないので、「フィリピン？　貧しい国だよね。みんな裸足で歩いてるんでしょ？」なんて思っています。

島国ニッポン、よくないと思います。日本なんか国ごと買われてしまうのではないか、と思うくらいのお金持ちがフィリピンにはいるんですから。

日本はもはやアジアの〝地方都市〟

今後も日本の内需に期待できないのですから、僕は若い子に海外進出を勧めています。ただ、僕のようなタレント業は難しいと思います。その国の言葉と文化がわからなければ無理でしょう。笑いも怒りのポイントも違うし、話芸で海外進出はできません。セリフとして決められたことだけを言えばいい映画やドラマであれば成立するかもしれませんが、それでもコミュニケーションを取るためには相当な語学力が必要になってきます。日本で売れているタレントや役者が海外で活躍しようと思っても、普通であれば相当難しいことです。

とはいえ、僕たちの産業に近いところだと、ヘアメイクやスタイリスト、トレーナー、それから美容師などは、日本はアジア諸国の中ではかなり進んでいます。そういう職種のデキる子やお店のオーナーには、どんどん海外に行けとけしかけています。

気がついていないのは日本人だけですが、ここの10年間でアジアの勢力図というのは大きく変わりました。中東まで含めたアジアを日本地図に置き換えた場合、日本人は日本を首都・東京だなんて思い込んでいますが、勘違いも甚だしいです。

横浜、大阪どころか、人口100万人以下の地方都市くらいのポジションです。もしかしたら、人口50万以下の地方都市くらいにランクは下がっているかもしれないくらいです。日本のマーケットや国の力がそこまで落ちていることに日本人は誰も気がついていません。

そういう意味でも、海外にどんどん出ることを奨励しています。腕のいいヘアメイクやスタイリストが新潟や大分で働いているようなものですから、海外に出ればもっといい条件の仕事も手にできるはずです。

アジアといっても日本から中東あたりまでありますが、アジア圏は文化も食べ物も、それから意外に心意気も似ています。昔はシルクロードがあってつながっていましたから、どこに行っても理解不能という事態に直面することは少ないはずです。

日本の技術を持っていったら、アジア諸国では食っていけます。日本にしがみついている理由も必要もないし、紹介してあげるから海外進出しなさいと周りの若い子たちには言っています。

でも、狭い島国の人間ですから、なかなか出ていかないですね。地方から東京に出てきた子は、それだけハングリー精神もありますし、すでに1回出てきているので、あまり抵抗はないようですが、それでもなかなか出たがりません。

結果だけにこだわることの愚かさ

若い人に限った話ではないですが、何か事を起こす前に結果を求める人が多いように思います。結果というのは、動いた後についてくるもので、トライする前からわかるものではありません。

転職する、海外進出するとなると、誰しもが「明日食べるご飯どうしよう?」などと、いろいろなことを考えて当然です。しかし、それを考えたら何もできないですし、何かをやることによって次のことが生まれるという楽観性も必要でしょう。

僕が37歳の時、全部の仕事を辞めて、いきなり1円も稼げないレースの世界に踏み込みましたが、やる前にいろいろ考えたらできないことです。

ただ、現状のままでは悲惨な未来しか見えないのだったら、辞めて次のことをすればいいと思います。その一歩を踏み出すのか踏み出さないのかというのが、人生を大きく分けるのではないでしょうか。

やる前から結果を求めたがる人が多いということでいえば、知り合いのフランス料理チェーン店の社長から聞いた面白い話があります。

ある時、料理の専門学校を出たばかりの子が、彼のところに「僕、シェフになります、シェフで入れてください」と就職の面接に来たそうです。そして、その場で次々とプリントアウトしたレシピを出して、「僕、レシピ持ってるんです。料理できるんで、ここの会社にはシェフとして入ります」と言ったそうです。

僕としては不思議で仕方ありません。普通に考えたら、料理店にコックで入ったとしても、まずは皿洗いです。昔からいわれていますが、お客さんが料理を残した場合、どうして残したのか考えたり、変な話、シェフの作ったソースをちょっとなめたりして勉強していったりするものです。

皿洗いの次はジャガイモやニンジンなど野菜の皮をむく係になります。ようやく食材を触れるところにくるわけです。そこでは、出入りする八百屋さんから野菜の良し悪しだったり、目利きを習うことができます。ジャガイモ一つでも、季節や天候によって、こうやって食べたら美味しいとか、コミュニケーションの中から学んでいって、一段上がることができるのです。

食材のことを一通り覚えたら、次はスープの番……と、自分の中に武器となる知識と経験をどんどん蓄えていって、やがてシェフの端っこに入れてもらい、最後にトップシェフになる——という順序、段階があります。

そこで社長が、「シェフになるのは、そういう経験を積んだ後ね」というと、その子は「いや、そこはいいです。僕、レシピ持ってますから、シェフでいけます。シェフじゃなかったら、僕、ここ入りません」とのたまったそうです。

インターネットの普及で、結果がすぐに見られるようになったからでしょうか。僕らの世界で言うと、「僕に主役やらせてください。それ以外ならやりません」と、いきなり新人が来て言うのと一緒です。

ラッキーパンチもありますから、中にはできる子がいるのはたしかです。しかし、必要となる武器を磨いていないので、何かあった時に使い物になりません。

まずいと言われて味を変えるためにはどうするのか？　ジャガイモの質が悪くなってきたら、季節によってどの銘柄にしなければいけないのか？　ジャガイモが苦手だから抜いてくれといわれたら？

経験がないので、どうしていいのかわからなくなってしまうはずです。

年齢、職業、性別なんて関係ない

小学校の頃、僕の住んでいた静岡というのは平坦なので、自転車でどこまでも行けました。実家から30分ぐらい走ると海まで行けます。当時は防波堤で針を引っ掛けるだけで、コハダやアジなど魚がたくさん釣れました。

すると、横で釣りをしている知らないおじさんが、「食べ方、知ってるの？」と聞いてくるので、「このまま焼けばいいんでしょ？」というと、「だめだめ、内臓とかウロコくらい取らないと」と言って、全部教えてくれました。

僕は、これまで世話焼きの人に必ず会って、知識や情報をもらうということがけっこう多かったなと思います。第1章でお話ししたように、梅宮辰夫さんのような先輩にお世話になったのは時代だったのかもしれませんが、今でも世話好きの人はたくさんいます。会社も違えば、利害関係もまったくないのに、いろいろと先輩たちに面倒をよく見てもらって、僕は生きてきました。

しかし、そこで先輩たちの言うことを「余計なお世話だ」みたいに思ってしまったら、大事な情報や知識をもらわずに終わってしまいます。これは非常にもったいないことです。

例えば、僕が「1年間仕事しなくて、レースやっちゃった」という話をすると、必ず「もともと金持ってたからできたんですよ」と言う人がいます。

しかし僕としては、金を持っている持っていないは関係なく、やるかやらないかだけだと思っています。お金を持っていたとしても、1年間収入ゼロです。

「それって大変なことじゃない？　だって、俺の生活費に月にいくらかかってると思う？　クルマとか会社とかで、どう考えても200万円ぐらいかかってるよ。収入ゼロって、年間2500万円くらい赤字よ」

そう反論しますが、「いや、それだけの金があったからできるんですよ」といわれます。でも考えてほしいのは、僕がレースをやらずに働いていれば、もっとすごいお金が入ってきたはずです。ドラマやCMなどを断っているので、億単位の金を捨てているのと同じです。しかも、赤字まで出して。

だから、やるかやらないかの問題。お金があったからではなくて、入ってくるはずのお金を捨てているわけです。そのお金をあきらめてでもレースをやりたいと思ったからであって、価値観の違いとしかいえません。

僕が健康についての知識をお金も時間もかけて勉強して、ときには医者にも教える機会があるのに、健康について話すと「タレントなのに何言ってんだ」と言う人と一緒です。そんな価値観を持っていると成長しないので、かわいそうだと思います。しかし、日本人の大半がそういう価値観を持っているのも事実です。

僕は年齢も関係ないと思っています。ただ早く生まれたかどうかだけで、年上のほうが偉いなんてことはありません。50歳になった僕に今ついているトレーナーは26歳ですが、体のことは僕よりも詳しいですし情報量もすごいので、僕は彼から習うというスタイルです。

そういう意味でいうと、「まだ若いんだから」「そういう職業じゃないんだから」と年齢や性別、仕事でカテゴライズして、型にハメようとするのは日本人のいけないところだと思います。その人の中身ではなく、肩書などでそういう判断をするというのはもったいないなと思います。

今は情報化社会、スピード化社会で、情報がすぐに入手できる時代になりました。インターネットで地球の反対側の人とだってすぐに簡単につながれるいい時代です。

自分の武器となる情報と知識をどんどん増やしていかないと、世界に置いていかれてしまいます。

特に情報は、自分で拾うだけではなく、知識を持っている人がいたらもらっていくということがシンプルにできないと、もったいなさ過ぎます。

すでに始まっている人材争奪戦

今後の日本でのビジネスのキーワードとなるのは、間違いなく「人材」です。

日本は40年後には大多数の人々が高齢者になります。そうすると、絶対的に高齢者が高齢者の介護、つまり老々介護をすることにならざるを得ません。現在でも社会問題になっているほどですから、日本人の若い子たちだけでは手が足りず、介護の人材を海外に求めるしかなくなるでしょう。

いくらＡＩ（人工知能）が進んだとしても、介護を機械にやってもらうわけにはいきません。やはり、人の手が必要とされるでしょう。

そうすると、いかに外国からの人材を確保するかにかかってきます。安価で、きちんと日本人に対応ができる人材を確保できるのかどうかが課題となります。

実は、すでに世界中では人材の取り合いが始まっています。それに比べ、ビザの問題だとか移民は嫌だとか言っている日本は遅れています。

ただ、これもアメリカの工作であるという説を聞いたことがあります。日本に海外の人が入ってきて介護関連に就労してしまうと、その分だけ日本人が働くことになり、日本経済が好調になる恐れがあります。そうするとアメリカの工業にとっては大打撃となるので、アメリカが日本に規制をかけているというものです。

しかも、その分の人材をアメリカは受け入れています。アメリカはトランプ大統領が強硬に移民反対の姿勢を見せてはいますが、その裏でフィリピンやインドネシア、ベトナムなどにはビザを開放しています。

アメリカ人が働いて、いろんな産業を回していくためには、ベビーシッターや家政婦などが必要になってきます。それをアジアの人たちにやらせようという目論見です。そうすると、アメリカでは共働きが可能となって、労働力は2倍になります。

一方で、白人が嫌がる末端の仕事――清掃とかゴミ収集とか、ブルーカラーの仕事をそうした人たちにさせようと考えています。アジア人たちを安く雇うために、アメリカは今どんどんビザを開放しています。

ヨーロッパでも外国人の入国制限を緩和したので、ドイツ、デンマーク、スウェーデンなど、あの辺に一気に人材が流れている状態です。

また、先ほども述べたように日本にもいい人材がいっぱいいるので、バンバン海外に送り出して、そしてお金がドンドン日本に戻ってくるようなシステムをきちんと構築しなければいけません。

それこそフィリピンなどは、海外に行った人たちが国に送金するだけで毎年何兆円分もありますから。人材輸出というのがある種の一大産業になっています。

日本の金融がこのまま変わらず、自分がせっかく稼いだお金も保護してくれないのであれば、日本の銀行にお金を入れずに海外の口座に入れて、拠点も海外に移すという人たちが今後も増えていくことでしょう。

だいたい、税務署が勝手に人の口座を押さえてしまう国なんて、日本以外に思いつきません。

このままだと日本は、アジアの中ではもうすぐビリになってしまうことでしょう。

今、俳優としての活動は難しい

僕は通販事業と、もともとやっている役者、それから海外でのマッチメイクを行っていますが、今年はほとんどが海外事業になってしまうと思います。

当然、通販業界はやっていきますが、海外事業がボリュームとしては増えてきているので、海外が6、通販が3、芸能活動が1ぐらいになると思います。

芸能は時間が取られるので実際に無理です。チームで動かなければいけないので、スケジュールが合わせられません。バラエティ番組ならまだしも、ドラマなどはほぼ断っています。いまテレビ業界は本当にお金がなくて厳しいのでしょう。よくあるのは「保阪さん、2週間後から3週間空いてませんか？」みたいな話。

……いや、無理です。僕だって大人ですから、逆に3週間も空いていたら怖いです。結局、お金がないのでギリギリまでキャスティングが決められないようです。

通販や海外事業のミーティングでスケジュールが先に埋まってしまい、それはずらせません。それに比べて芸能は書類もないから適当で、スケジュールだけを押さえられて、急にバラす時がありますから。

今は海外にも会社を持ってチームもできているので、海外には毎月行かなければいけない状況です。通販に関しては、ＬＩＮＥとかＦａｃｅｂｏｏｋが使えればどこにいても成立しますので、続けていくことはできます。

もともと、僕は同時期にまったく違う役を演じていくのは全然平気です。だからというわけではありませんが、いまマッチメーカーとして海外へ行っている時の自分と、通販の時の自分、それから芸能の仕事をやっている時と自分は全然違う人になります。

相手が違えば、受け取り方も変わってきますし、シチュエーションも違うので、違う人になっています。例えば、テレビに出ていても誰も僕のことを社長とは思っていません。海外で数千億円の利権を争っているビジネスマンだなんて思われていませんから。

取り組んでいる海外のビジネス

僕の今やっている海外事業については、あまり詳しく話すことができません。ざっくり言うと、中東で資源関連の事業と都市開発に携わっています。

日本の名だたる起業家たちと仲間になって、みんなと一緒にミーティングしたりします。海外の事業では「チーム保阪」的な仲間とビジネスをしていますけど、みんないろいろとクセがあって面白いです。まぁクセのない人なんて起業しないでしょうけど。

海外から見ると、日本というのは本当に小さい国。僕は中東や東南アジアの財閥や政治家などとお付き合いをしていて、その人たちの中には個人資産が2兆円くらいあるような人もいます。

とはいえ、彼らは非常にシンプルな生活を送っています。どう考えても僕の1000倍とか1万倍は資産を持っているような人たちは、代々お金持ちということもあるでしょうが、着飾ったり宝飾品を身に着けることもありません。そういう姿を見ていて、自分もこれ見よがしに飾ることはないなと、どんどんシンプルになっていきます。

ただ、何をするにしてもリスクヘッジして、勝算があるのかどうかマーケティングして取り掛かります。どうしてもリスクがあるので、このリスクはどのようにすれば回避できるのか、損失が出た場合はどうすれば取り戻せるのかということを全部考えた上でやらないと火だるまになってしまいます。

とはいえ、あまりリスクを考えてしまうと一歩も動けなくなってしまうので、勝負する時は前に出るということが大事です。

僕は起業家の仲間ができ、ここ数年で海外事業がいろいろと動き出して、小さいもので何十億円から大きいもので２０００億円ぐらいまでの案件がいま同時に動いています。どうしてこういう状況になっているかというと、僕は日本を飛び出たからです。

日本のビジネスにおいてもいろいろな話、案件がありますが、実は僕はイランのある利権を持っているので、いま僕のところにすごく人が集まってきています。

ただ、日本にしがみついていたら、ここまで事業は発展していなかったはずです。僕は海外に飛び出していって、海外の利権を取ったり、海外のすごい方たちとパートナーになって、現地で会社を作っていますが、やはり、やるかやらないかだけだと思います。

芸能界からレースの世界に飛び込んで、宗教界や通販業界にも身軽にポンと飛び込んで、今では海外事業にまで飛び出している……僕は、10年後の自分が何をやっているかまったく想像もつかないですし、自分でも楽しみでもあります。

おわりに

僕が若い頃、雑誌やテレビのインタビューを受けた時に、

「次のドラマの目標とか、次にやりたい役ってありますか？」

と必ず聞かれたものです。

僕は何と答えたか――。

「ないです」

必ずそう答えていました。

理由は簡単で、「次は刑事をやりたい」なんて思ってイメージしていたのに、オファーされた役が殺人犯だったらモチベーションが落ちてしまうからです。

そのため、あまり「こうしたい！」という目標を持たないほうがフラットに受け入れられるわけです。

「今回は大学教授で殺人犯ね、ＯＫ。じゃみんなが絶対怖がるような犯人やってやるよ」

と一つ一つ新鮮に受け止めて、演じることができました。「次は刑事役だ」なんて間口を狭めてしまうと、犯人役が来たらがっかりして、やる気がなくなってしまいます。だから、あまり自分を型にはめずに、受け入れるものは受け入れていくという姿勢が大事なのではないでしょうか。

そもそも、僕は役者としてやってみたいことがあるかといわれれば……もうありません。やり尽くしたというより、もともと役者としてやりたいことがないのです。

これまでも世間やテレビ局、プロデューサーやスポンサーが「保阪をこういう役で見たい」というニーズがあれば、職業として応えていただけです。

僕は50歳になりましたが、まだ自分が何者かもわかっていません。本来だったらそろそろ「天命」を知らなければいけない年頃でしょうけど、いまだ新しいビジネスをやっていますから、自分がどこに向かっているのかもわかりません。

たぶん、死ぬまで自分が何者だったのかわからないと思うので、とにかく今できることを一生懸命やって、行けるところまで行くという生き方を続けていくつもりです。

もともと、僕は50歳になったら完全にリタイヤすると言っていました。どこか南の島でのんびり——のつもりが、50歳から忙しくなってしまいました。
人生というのはピークが三回くらいあるといわれていますが、僕の中では今が最も高いピークです。芸能界で売れていた頃より、今年は最強運気に入っています。そういう時だから働けということなのでしょう。もう少し頑張ります。

この本を読んで、「自分も保阪のように成功したい」と思うのであれば、答えは「自分のこだわりのために動く」こと。自分で動かない人は勝てないです。

芸能界やいろいろな企業で成功している社長などを見ていると、やはり本人が一流の営業マンです。しかも、金儲けのためだからといって、自分が嫌いなことをしているような人は一人もいません。

特に、スターを生み出す芸能界の社長たちの営業能力は突出しています。いざという時は、どんなに年を取ってどんなに偉い社長でも、最後は自分が出張ってきます。

そういう人たちでもそうなのですから、若かったり、一介のサラリーマンだったりする場合は、やはり自分が営業して動けない人は勝てないし、残りません。

自分の境遇を憐《あわ》れんでいたり愚痴ったりしているくらいなら、やりたいことをやるべきです。狭い日本にしがみつかず、本当にやりたいことがあるのなら自分で動いていくしかありません。

僕は、誰でもどんな人にもなれると思っています。なぜなら、自分のできる範囲、限界を勝手に決めているのは自分自身ですから。

自分が限界だと思ったところが限界なので、思わなければ限界なんかありません。

ただ、自分一人だけでできることなど知れていますから、出会う人たちとの縁を大事にすることが大切です。そうすると、さらにまたその先の人とつながっていく可能性が広がっていくので、いろいろな人たちと付き合うのも重要です。

いいことはいいことで、どんどん連鎖していきます。

どんな分野でも、とにかく動き続けること。動き続けることでのみ、出会いが生まれ、活躍するチャンスをつかむことができます。

少なくとも僕は、そうやってきたからこそ、今の立場があるのだと思っています。

保阪尚希

（ほさか・なおき）

1967年12月11日、静岡県出身。俳優、タレント、健康料理研究家、通販コンサルタント。1986年のデビュー以来、『家なき子』（日本テレビ系）、『サラリーマン金太郎』（TBS系）、NHK大河ドラマ『葵 徳川三代』など多くの作品に出演。現在はTVショッピング専門チャンネル・QVCの『保阪流』にて、自ら開発した商品を販売するなど、健康や食生活への関心を活かした活動も行っている。

保阪流 ホームページ
http://www.hosakaryu.com

〈衣装提供〉

HANABISHI	048-797-0211
Losguapos For Stylist	03-6427-8654
ROY ROGER'S	03-6450-6345（タキヒヨープレスルーム）

本書には、著者の幼少期、少年時代の体験も描かれています。中には、今日においては不適切と思われる描写もありますが、著者自身の歩んできた人生の道のりを正しく記すために掲載しております。また、本書の食事、食品、栄養素に関する記述については、著者自身の経験や、フードアナリストや野菜ソムリエなどプロの視点から綴っていますが、その効果や効能には個人差があります。持病などがある方は、必ず医師にご相談のうえ、実行してください。なお、本書に登場する商品に関するお問い合わせにつきましては、『保阪流』のホームページなどでご確認願います。

STAFF
装丁・本文デザイン　森田直／積田野麦（FROG KING STUDIO）
執筆協力　中野克哉
撮影　橋本勝美
スタイリスト　黒田匡彦
ヘアメイク　MIKA
校正　玄冬書林
編集　大井隆義（ワニブックス）

どん底から1日1億円の売り上げを出す方法

著者　保阪尚希

2018年5月30日　初版発行

発行者　横内正昭
編集人　青柳有紀
発行所　株式会社ワニブックス
〒150-8482
東京都渋谷区恵比寿4-4-9えびす大黒ビル
電話　03-5449-2711（代表）
03-5449-2716（編集部）
ワニブックスHP　http://www.wani.co.jp/
WANI BOOKOUT　http://www.wanibookout.com/

印刷所　株式会社光邦
DTP　株式会社 三協美術
製本所　ナショナル製本

ISBN 978-4-8470-9686-0